내가 제일 잘한 일은
책을 쓴 일이다

내가 제일 잘한 일은
책을 쓴 일이다

초 판 1쇄 2021년 12월 29일

기획자 김태광
지은이 김경화, 이샛별, 최경윤, 박성지, 박수은
펴낸이 류종렬

펴낸곳 미다스북스
총괄실장 명상완
책임편집 이다경
책임진행 김가영, 신은서, 임종익, 박유진

등록 2001년 3월 21일 제2001-000040호
주소 서울시 마포구 양화로 133 서교타워 711호
전화 02) 322-7802~3
팩스 02) 6007-1845
블로그 http://blog.naver.com/midasbooks
전자주소 midasbooks@hanmail.net
페이스북 https://www.facebook.com/midasbooks425

© 김태광, 미다스북스 2021, *Printed in Korea*.

ISBN 978-89-6637-207-2 03190

값 **15,000원**

내가 제일 잘한 일은 책을 쓴 일이다

김태광 기획 | 김경화 이샛별 최경윤 박성지 박수은 지음

★★★★★
평범한 당신의
인생을 역전시킬
최고의 방법

★★★★★
모든 순간을
기적으로
만드는 비밀

내 안에 숨겨진 능력을 발견하는 법,
눈부신 인생으로 리셋하는 책쓰기의 기적!

미다스북스

모든 순간을 기적으로 만드는 책쓰기의 마법

책을 쓴다는 것은 어렵지만, 쉬운 일이기도 하다. 일반적으로 책을 쓴다는 것은 특별한 사람이 하는 일이라고 생각하기 쉽다. 특정 분야의 고수, 글솜씨가 좋은 사람, 작가를 업으로 삼은 사람들만이 할 수 있는 일이라고 여겨지기 때문이다. 나도 처음에는 그렇게 생각했던 평범한 독자였다. 유명한 사람들의 책을 읽으며, 우러러보는 한 명의 독자였을 뿐이다.

하지만 이제는 책을 집필한 어엿한 '작가'가 되었다. 책을 출간하며 깨달은 것은 관점을 바꾸면 누구든 책을 쓸 수 있다는 것이다. 누구나 어린 시절 학교 숙제로 일기, 독후감 등 글을 써본 적이 있을 것이다. 창작의 고통은 있지만, 아이디어를 구상하고 글을 써 내려가면 어느새 나만의 이야기가 완성된다. 다만 숙제, 과제로 하다 보니 하기 싫은 것이라는 고정관념이 생겼을 수 있다. 그러나 글이라는 건 원래 흥미롭다. 순수하게 글에 내 생각과 감정을 녹여 표현하다 보면, 생각보다 재미있다는 사실을 발견하게 된다. 책쓰기는 어려운 일이라는 관념에서 조금만 벗어나 보자. 생각만큼 어려운 일이 아니라 나의 마음에 날개를 달아주는 쉽고 즐거운 일이 될 것이다.

책이 주는 기쁨과 유익은 수없이 많다. 그중 가장 큰 기쁨은 책을 통해 혼자 알고 있던 나의 이야기를 세상과 공유하게 되는 것이다. 나는 사람들의 눈치를 살피며 피에로 가면을 쓴 것처럼 나의 본 모습은 꼭꼭 숨기고 살았다. 그러나 나만이 겪은 유일한 경험은 일평생 마음속에만 담아두기에는 너무나 아깝고 아름다운 것이라는 것을 깨달았다. 책에 담겨 있는 내 삶의 조각들은 누군가의 마음을 울리고 변화시키는 촉매제가 되기도 한다.

또 하나는 책쓰기를 통해 양파 껍질을 까는 것처럼 새로운 모습의 나를 발견할 수 있다는 것이다. 내가 알고 있는 나의 모습뿐만 아니라, 내가 모르고 있는 나를 마주하게 된다. 완고하게 붙잡고 있던 고정관념과 믿음을 탈탈 털고 헐거워진 틈을 타 마음을 비워내면 마치 명상이라도 한 듯 가벼워짐이 느껴진다. 텅 비어 있는 나의 마음을 바라보고 있노라면 거기서 새로운 창조가 시작된다. 별 볼 일 없다고 생각했던 일상이 깨달음을 주는 책 속의 사례로 변한다. 그리고 코끝 찡하게 울리는 감동의 파도를 일으키기도 한다.

내가 제일 잘한 일은 책을 쓴 일이다

알버트 아인슈타인이 인생에 대하여 이렇게 말했다.

"인생을 살아가는 데는 오직 2가지 방법밖에 없다. 하나는 아무것도 기적이 아닌 것처럼, 다른 하나는 모든 것이 기적인 것처럼."

책쓰기는 모든 순간을 기적으로 바라보는 마음의 눈을 뜨도록 도와주기에 충분했다. 책쓰기를 통해 자기 자신을 온전히 돌아보며, 스스로에게 최고의 친구가 되어보는 것을 강력히 추천한다. 자신의 마음을 온전히 알아차리게 되는 순간, 행복과 깨달음이 충만해진다. 그리고 더 나아가 많은 사람들과 함께 나눔으로 더 큰 행복을 누릴 수 있다. 책쓰기는 미처 삶의 아름다움을 알아채지 못한 무지함을 지혜로움으로 바꿔준다. 스스로 한계 지었던 틀을 벗어버리고, 진정한 나를 만나보자.

그러므로, 내 인생에서 제일 잘한 일은 단연코 책을 쓴 일이다!

목 차

1장 김경화

다르게 살고 싶다면 지금 당장 바꿔야 할 것

2장 이샛별

책을 쓰면서 거짓말처럼 인생이 달라지기 시작했다

5장 박수은

책을 딱 한 권만 썼을 뿐인데 인생이 180도 달라졌다

다르게
살고 싶다면

1장

지금 당장
바꿔야
할 것

김경화

김경화

약력 : 〈한책협〉 김태광 코치의 목숨 건 코칭과 의식 수준을 높인 덕분에 책 한 권 읽지 않던 저자가 짧은 기간에 한 권의 개인 저서와 네 권의 공저를 쓸 수 있었다.

저서 : 『새벽독서의 힘』, 『나의 삶을 바꾸는 필사 독서법』(공저), 『의욕 없던 삶이 다시 두근거리는 하루 10분 글쓰기의 힘』(공저), 『나를 사랑하게 되는 자존감 회복 글쓰기 훈련』(공저), 『이러다 정말 죽을 것 같아서 책쓰기를 시작했다』(공저)

평생 죽어라 일만 하며 살았습니다

많은 평범한 사람들이 평생 죽어라 일만 하며 살고 있다. 우리는 이 세상에 태어나면서 제일 먼저 부모와 가족들의 영향을 받는다. 그러면서 배우게 되는 것은 '일을 해야 먹고산다'이다. '일을 하지 않는 사람은 먹지도 마라'는 교훈으로 이미 세뇌가 되었다.

이렇게 살아왔기에 부모 세대나 그 이전 세대들의 의식은 오직 '내 몸을 움직여야 돈을 벌 수 있다'는 고정 관념으로 꽉 채워졌다.

어릴 때 읽은 동화 『개미와 베짱이』의 내용으로, 부지런한 개미는 평소에 식량을 모아가고 있었기에 겨울이 와도 먹을 걱정 없이 살지만 베짱이는 평소에 노래만 부르며 빈둥거렸기에 겨울이 되어서 개미네 집에 식량을 꾸러 다녔다는 이야기가 있다. 그 시기에는 맞았을지 모르지만 지금 이 시기에는 맞지 않다. 왜냐하면 지금은 인터넷이 발전하고 그 인터넷 덕분에 취미로 자기가 좋아하는 일을 하면서 돈도 많이 벌고 또 시간·경제적으로 자유를 누리는 사람들이 점점 많아지고 있기 때문이다. 지금은 일을 하지 않아도 돈을 벌 수 있는 시스템만 구축해놓으면 평생 돈이 돈을 벌어주는 시대이다.

부모님이 그랬으니 나도 어렸을 때부터 일을 해야 돈을 버는 줄로만 알았다. 그래서 항상 몸을 혹사시키면서 일을 했다. 결혼할 당시 신랑은 3가지 일을 하였다. 농사를 지으면서 누나와 정수기 사업도 같이 하고, 또 아침저녁으로 회사 사람들을 출퇴근시키는 알바도 하였다. 그렇게 시어른과 우리 부부 어른 네 명 가운데 신랑 혼자 일을 하고 시부모님과 나는 농사를 돕는 일을 하였다. 그렇게 살면서 아이들이 한 명씩 늘어나고 신랑 혼자 버는 돈으로는 도저히 삶을 살아갈 수가 없었다. 그러는 와중에 인삼 농사를 시작하였다. 인삼 농사는 특수 작물이기에 다른 농사보다 소득이 좀 더 높은 편이다. 그러나 인삼 농사는 첫 수익이 날 때까지 6~7년이 걸려서 아무 수익이 없는 상황에서 매년 인삼을 심어야 했다. 없는 형편에 대출해서 인삼밭 도지 줘가면서 인삼 농사를 지으니 점점 한계가 느껴졌다. 그러다 아이들이 점점 커서 큰아이는 네 살, 둘째는 세

살이 되었고 어린이집에 보내면서 나도 직장 생활을 하였다. 평소에는 직장 다니고 쉬는 날에는 밭에 나가서 일을 했다. 젊으니까 하루 종일 힘들어도 저녁에 자고 나면 이튿날 그리 피곤하지 않았다. 아이들이 5~6세 될 때까지는 아이들 데리고 물놀이도 다니고 했다. 그러나 셋째가 태어나면서부터는 점점 물놀이 가는 횟수도 줄어들고 늘 일하느라 바빴다. 점점 살아가면서 오직 일뿐이었다. 그 어떤 취미도 여가도 즐길 수가 없었다. 드라마는 보아도 책을 보는 것은 사치라고 느꼈다.

우리는 점점 더 많은 일을 해야 했고 아이들은 점점 커가고 우리는 아이들과 점점 더 멀어졌다. 농사 수익으로는 살아갈 수가 없었다. 그러다 남편이 우사 건설 현장에 나가 일을 하기 시작했다. 직장이라고 할 수도 있다. 농사 시기 외에는 계속 현장 일을 하러 다녔고, 나는 직장을 1년씩 다니면서 직장인 신용으로 대출을 받아서 살기 시작했다. 직장을 계속 다니면 그나마 여유가 생길지 모르지만 나는 직장인 체질이 아니었나 싶다. 직장에 얽매여 있는 삶이 너무 마음적으로 힘들었다. 살기 위해 1년 정도 직장 다니면 또 농사를 짓고 싶고 또 인삼에 희망이 생겨서 인삼밭에 풀 매고 하는 일들을 하기 시작했다. 농사는 우리의 사업이고 우리의 것이기 때문이라고 생각했다. 시간적 한계에서 벗어나 그나마 자유로운 게 농사다. 그러면서 또 농사로 못 살겠다 싶으면 직장에 가야 하고. 계속 삶은 악순환이 되었다.

그제야 눈을 뜨기 시작한다. 왜 남보다 더 열심히 사는 것 같은데도 삶은 점점 더 가난해질까? 왜 우리는 자유롭게 살고 싶고 다른 사람들처럼 부모님에게도 잘하며 살아가고 싶으나 그렇게 마음이 원하는 대로 살아가지 못할까? 삶에 '왜'가 붙기 시작했다. 그러면서 인삼 농사에도 의문이 갔다. 과연 농사로 부모님 잘 모시고 애들 잘 키울 수 있을까? 늘 불안하고 미래가 두려웠다. 점점 희망이 보이지 않았다. 그래서 성경이라도 읽기 시작했다. 나는 성경이 책 중에 최고의 책이라고 늘 생각했다. 그래서 성경만 읽으면 삶이 바뀔 줄 알았다.

그러나 성경을 읽는다고 해서 삶이 바뀌지 않았다. 제대로 이해하지 못했기 때문이다. 주일마다 일하다가 예배시간에 맞춰 교회 가고 오후에 또 일하러 다니고 하면서도 삶을 도대체 어떻게 살아가야 할지 몰랐다. 교회 목사님은 하나님이 축복해주신다고 하지만 나는 그 하나님을 찾지 못하였다. 하나님 찾으려고 심령부흥 기도회에도 여러 번 참여했다. 기도회에서 다른 사람들은 성령을 받았지만 나만 스쳐지나갔다는 느낌이 들었다. 이렇게 하나님을 찾으면서 나는 지쳐갔다.

사랑이신 하나님이 나를 포기했다고 생각되면서부터 삶이 더 두려워졌고 하나님이 나를 포기하는데 내가 무슨 수로 살아갈 수 있을까 하면서 스스로 삶을 포기했다. 그런 와중에 〈한국책쓰기강사양성협회(이하 한책협)〉 김태광 대표님을 만난 것은 기적이었다. 그가 외치는 '의식이 전부이다'라는 말은 내가 원하는 답이 될 수 있을 것 같았다. 내 삶의 악순환은 나의 낮은 의식에서 비롯되고 반복되었음을 알게 되었다. 나의 삶은 다른 누가 살아주는 것이 아니라 내가 만들어가는 것임을 알게 되었다. 모든 것이 나의 책임임을 알게 되었다. 평생 다람쥐 쳇바퀴 돌듯 제자리걸음 하는 나의 가난한 삶을 바꾸고 싶었다. 온전히 지금과 반대인 삶을 살기로 했다.

이전에는 내가 열심히 일해도 가난한 이유를 몰랐기에 가난하게 사는 것이 나의 소명인 줄 알았고 가난한 환경을 벗어나야겠다는 생각을 하지 못했다. 의식 성장 공부를 하면서 지금은 내가 가난한 이유를 알았고 나는 나의 기존의 마인드를 뜯어고치고자 노력한다.

생각만으로는 실제 환경이 바뀌지 않는다. 나의 삶을 바꾸기 위해 다른 사람보다 몇 배의 노력을 해야 하고 행동에 옮겨 바로바로 실천해야 한다.

미루는 습관을 버리기로 했다.
자기합리화를 하지 않기로 했다.
남 탓을 하지 않고 나의 책임으로 돌리기로 했다.
타인을 비난하지 않기로 했다.
타인을 판단하지 않기로 했다.

모든 현재의 삶을 담대히 감당해야 한다. 그러면서 꿈을 가지고 꿈을 이루기 위해 목표를 세우기로 했다. 이제는 나의 가난한 마인드를 완전히 바꾸기로 했다.

하루의 일과를 의식 성장 도서를 필사하는 것으로 시작했다. 매일 아침마다 5~6권의 책을 조금의 분량씩 필사하였다. 매일의 반복적인 필사는 나의 의식을 빠른 시간 내에 높여주었다.

영적인 세계에 눈을 떴고 부의 세계에, 나아가 우주에까지 시야를 넓히게 되었다.

평생 부에 대하여 돈에 대하여, 관심이 없었는데 의식을 높이면서 관심을 가지기 시작했다. 현실로는 이 가난을 극복하고 자식들에게는 가난을 물려주고 싶지 않았다. 풍요롭고 여유로운 경제적, 시간적 자유를 얻고 싶었다. 그러한 삶을 어떻게 이루어나갈지는 의식을 높이면서 점점 하나씩 보이기 시작했다. 가야 할 길이 점점 명확해져갔다.

성경에도 그런 말씀이 있다. "먼저 그(하나님)의 나라와 그의 의를 구하라."(마6:33)

영적인 성장을 추구하면 그 뒤에 모든 것이 더해진다는 예수님의 말씀대로 영성을 키워야 한다. 우리 대부분 사람들의 영성은 잠들어 있다. 때문에 깨어 있는 삶을 살지 못하고 있다.

잠들어 있는 영성, 그것이 내면의 거인이다. 이 거인을 흔들어 깨워서 우리의 영성을 회복하고 각자가 영적 성장을 이룬다면 더 아름답고 더 여유롭고 풍요로운 세상이 만들어지고 차원 상승이 빨라질 것이다. 먼저 눈을 뜬 사람들의 가르침을 받은 한 무리 한 무리들이 다른 사람들에게도 자신들이 얻은 깨달음을 나눠가면서 영적 진보를 이루는 일이야말로 진정으로 이 세상에 온 목적이라고 생각한다. 계속적으로 의식을 높이고 어느 정도의 단계에 이르러 결국은 다른 사람들의 영적 성장을 돕는 사람들 중의 한 명으로 성장해가는 것이다.

독서는 인생을 책임져주지 않는다

주변에 보면 계속적으로 자기계발을 하는 사람들이 많다. 수많은 자격증을 따고 대학에 이어 석사, 박사 공부도 많이 한다. 결국에 스펙을 쌓아서 더 높은 연봉을 받고 더 편한 직장을 얻기 위한 것이다. 더 높은 연봉을 받으면서 더 편한 직장은 없다. 직장이라는 곳은 내가 일하는 만큼 월급을 받기 때문이다. 월급을 받아서는 부자가 될 수 없다는 것을 책을 보고 부에 관심을 가지면서 알게 되었다. 석사, 박사까지 해도 직장 생활을 하는 것은 똑같은 현대판 노예의 삶을 살아가는 것이다. 다소 근무 환경이 다를 뿐 생산자가 만들어놓은 시스템 내에서 생산자 외에는 소비자인 것이다.

자기계발을 하면서 독서를 하는 것을 자랑으로 하는 사람들을 볼 수 있다. 나는 하루에 책 한 권을 읽을 수 있다. 또는 나는 1년에 책을 몇십 권에서 몇백 권 읽는다. 그러나 책을 많이 읽는다고 해서 변화되는 것이 아니다. 책을 단 한 권 읽더라도 변화하도록 행동하게 하는 자극을 받는다면 삶은 바뀔 수 있다.

　나도 책을 읽기 시작하면서부터 다른 사람보다 늦게 시작한 것을 만회하기 위하여 하루 종일 책만 읽었다. 새벽부터 낮까지는 e북으로, 집에 와서 집안일을 할 때도 또 자기 전, 화장실에서까지 다독하기 위해 모든 것을 무시하고 책 읽고 듣는 데만 집중했다. 거의 1년 정도 미치도록 책을 읽으면서 나는 무려 200권이 넘는 책을 읽고 들었다. 짧은 기간 동안 그렇게 독서에 갈급했었다. 계속 책을 읽으면서 내가 듣고 읽은 책의 권수를 채워나갔다. 책을 읽고 들으면서 과연 내가 얼마나 변화되었을까? 나는 별로 변화를 일으키지 못하였다. 나를 변화시킨 것은 일부 의식 성장 도서, 영적인 도서들이었다. 나는 깨달았다. 아무 책이나 읽는다고 삶이 변화되는 것이 아니라는 것을. 지금은 책을 그렇게 많이 읽으려고 애쓰지 않는다. 한 권이라도 온전히 익히고 싶고 한 권이라도 반복적으로 읽고 나의 삶에 적용할 수 있도록 행동으로 삶을 바꿔나가기로 했다. 오직 행동하는 만큼 삶이 변화되고 있었다. 가난한 삶과 부자의 삶의 차이도 행동력에 달려 있었다.

　〈한책협〉에 1년 이상 연결되어서 계속적으로 의식을 끌어올리고 고정

관념을 깨뜨려가면서 삶이 변화되는 것을 배우고 있다. 성공자에게서 세상을 보는 방법을 배우고 사람과의 관계를 처리하는 방법을 배우고, 돈 공부, 마음 공부, 의식 공부를 배우고 특히 행동력을 배우고 날마다 자극받는다.

나는 책을 읽으면서 책 속에 많은 내용들이 중복된다는 사실을 깨달았다. 자기계발서들에서 말하는 수많은 원리 원칙들이 다 명확한 목표를 세우라, 우선순위를 정하라, 하고 싶은 일을 하라, 좋아하는 일을 하라, 행동하라 등등이다. 그럼에도 불구하고 해마다 수많은 자기계발서들이 쏟아지는 이유는 무엇인가?

사람들은 자기계발서들을 읽으면서 가슴에 와닿고 성장하는 것 같지만 뇌에 지식으로만 남는다. 지식으로만 남는 자기계발은 우리 삶을 발전하게 하지 못하는데, 수많은 사람들이 알기만 하고 그 아는 것을 행동으로 옮기지 못하기에 계속 자기계발만 하는 것이다.

강물도 흐르지 않으면 썩는다. 받기만 하고 내보내지 않으면 과부하가 걸리고 더 이상 넣을 수가 없다. 우리는 새로운 것으로 채우고자 하면 먼저 안에 있던 것을 비워야 한다. 컵 안에 물이 가득 차면 새로운 물을 더 이상 담을 수 없다. 새로운 물을 받으려면 컵 안에 있던 원래의 물을 버려야 새로운 물을 받을 수 있다. 마찬가지로 독서도 계속 정보와 지식을 넣기만 하면 뇌는 과부하에 걸린다. 때문에 우리가 습득한 지식을 블로그나 기타 SNS에 글을 쓰고 안에 있는 지식을 표출해내야 한다. 표출하고 드러낼수록 점점 더 새로운 지식과 정보를 습득할 수 있고 한층 더 업그레이드되는 삶을 살아갈 수 있다.

인간이 이 세상에 태어난 것은 지구라는 행성에서 살면서 영적인 성장을 이루기 위해서다. 사람이 성장하지 않으면 큰일이다. 갓난아기로 태어나서 각각의 성장 과정에 맞춰서 성장해야 부모들이 걱정하지 않는다. 계속적으로 발전 과정에 맞춰 성장하지 않고 어느 지점에서 성장이 멈추면 그때부터는 부모는 걱정하기 시작한다. 그런 아이가 어른이 되었는데도 어린아이의 행동을 하고 있다면 그 부모는 평생 근심 걱정을 한다.

사람은 죽을 때까지 성장을 이루어야 하고 죽어서 영혼의 상태로 있어도 영혼도 나름대로 더 높은 차원에 상승하기 위하여 계속적으로 성장을 이루어야 한다.

책을 많이 읽어도 삶에 변화가 없으면 별 의미 없다. 나는 책을 많이 읽고 삶에 변화가 일어난 것이 아니라 책을 쓰고 나서 변화되기 시작했다. '책쓰기'라는 행동을 한 결과물이다. 나를 드러낸 결과물이다. 짧은 시간에 책을 쓸 수 있었던 것은 행동이 따랐기 때문이다. 지금 와서 〈한책협〉의 의식 성장 프로그램을 공부하면서 부자와 가난한 사람의 제일 큰 차이도 행동력이라는 것을 알게 되었다. 늘 행동하고자 하는 욕망이 가슴에서 일어난다. 지금부터라도 내가 원하는 것을 얻기 위해 현실에 충실하면서 나의 삶을 변화시키는 행동을 계속적으로 해야 한다.

이제부터 인풋이 아닌 아웃풋 하는 삶을 살아보기로 했다. 아웃풋은 글을 쓰거나 책을 쓰거나 자신의 아이디어를 콘텐츠로 만들어 밖에 드러내는 것이다. 나는 책을 쓰기로 결정했다. 〈한책협〉의 김태광 대표님은 "성공해서 책을 쓰는 것이 아니라 책을 써야 성공한다."라고 하신다. 나는 성공하고 싶어서 성공한 사람의 말을 따라보기로 했다. 성공하고 싶어서 책을 썼다. 첫 책을 쓰고 나서 작가라는 사실을 스스로 확인시키기 위해 공저를 몇 권 썼고 지금 이 공저는 여섯 번째 공저다. 이렇게라도 책을 써야 된다. 아직까지 초보 작가지만 지금 이 시기에 작가의 꿈을 이루었다고 안주하면 또 원래의 모습으로 돌아갈 것 같다. 그러면 또 글쓰기를 하지 않고 인풋하는 삶으로 돌아가게 된다. 김태광 대표님은 우리의 이런 생각까지 다 알고 계시기에 직장 생활을 하는 와중에도 작가의 꿈을 놓지 말고 계속적으로 꿈을 이루어가라고 이렇게 공저의 기회를 주신다. 다 나의 입장을 생각해서 도사님께서 주시는 기회이기에 공저의 기회를 잘 활용하려고 한다.

힘들고 지친 직장 생활에 집에 돌아가면 편안하기를 원한다. 정말 지쳐서 아무것도 안 하고 싶다. 아침 7시에 집을 나가서 통근 버스 타고 저녁 9시 혹은 9시 30분, 어떤 때는 10시 15분에 일을 마칠 때도 있다. 이런 고된 삶에서 꿈을 놓지 않고 꿈을 붙잡고 살아가기란 정말 어렵다. 몸이 힘들고 고달파도 꿈을 위해 의도적으로 원고를 작성하는 지금 이 시간 그래도 행복한 기분에 싸여 있고 하루를 또 새로운 에너지로 채워나갈 수 있다. 억지로 하라고 하면 몸이 힘들고 마음이 힘들기에 끝까지 해나갈 수가 없다. 김태광 대표님의 마음을 알고 내 현실을 알기에 원고 쓰는 것에 더 감사함을 느낀다. 나는 원고를 쓸 때 행복감을 느끼고, 원고를 쓰기 위해 의식 성장 도서를 읽을 때 행복감을 느낀다. 의식이 전부임을 알기에 의도적으로 의식 성장을 하려고 노력한다.

이렇게 하루를 시작하면 직장에 가서도 나는 긍정적인 마인드로 일을 시작할 수 있다. 오래 직장 생활을 한 동료들에게서는 분노의 감정을 볼 수 있다. 늘 작업 현장에서 싸우고 불평불만도 많다. 조장은 하루 물량을 맞추려고 애간장을 태우고 늘 고함을 지른다. 그에 작업자들도 언성이 높아진다.

그들은 여태까지 아끼고 일을 해야 먹고살 수 있었기에 직장 생활에 목숨을 건다. 우리 직장에도 250여 명의 직원이 있지만 고된 일로 인하여 점심시간에 누구 하나 책을 보지 않고 쉬거나 먹는 것으로만 시간을 보낸다. 일이 고되기에 몸이 버티기 위해서는 먹어줘야 한다. 그래야 50대 중후반, 60대 초반인 사람들은 버텨낸다. 나는 책을 읽고 의식적인 면으로 버텨내지만 이들은 먹는 것으로 스트레스를 풀어낸다.

이들도 자기계발을 했으면 하는 마음이다. 이 나이 먹어서 책이 눈에 보이지도 않고 또 뭐 하러 이제 와서 자기계발하냐 하며 안주하는 모습이 안타깝다. 퇴직 후 더 길어진 수명을 어떻게 감당할까? 나는 저렇게 살지 않을 거다. 나는 꿈을 이루고 꿈을 간직하기에 저들과 다르게 새벽에 원고를 쓰고 있는 것이다. 직장 생활을 하는 지금 자기계발하지 않으면 나의 나중은 비참할 수 있음을 너무나 잘 안다.

나폴레온 힐의『놓치고 싶지 않은 나의 꿈 나의 인생』처럼 나도 나의 소중한 꿈을 놓치고 싶지 않다.

'나는 매일 모든 면에서 점점 더 좋아지고 있다.' 오늘도 나에 대한 주문이다.

내가 제일 잘한 일은 책을 쓴 일이다

밥벌이 때문에 참는 '을'이 된 것에 자책하라

행복이나 부에 관한 책들을 보면 자신이 하고 싶은 일을 하라고 한다.

과연 자신이 하고 싶은 일을 하면서 밥 먹고 살아갈 수 있을까?

이전에 나는 하고 싶은 일을 하면서 밥벌이를 못 하였다. 농사를 지으면서 시간적 자유와 경제적 자유를 꿈꾸었는데 삶이 가난에 쪼들리게 만들었다. 그래서 어쩔 수 없이 직장을 선택했다.

나는 직장 다니는 것을 싫어한다. 직장 생활은 틀에 박힌 감옥 같은 삶이어서 자유를 원하는 나는 직장 생활에 적응하지 못한다. 나는 손이 많이 느린 편이다. 때문에 다른 사람들 따라가고 직장에 맞추려고 하면 늘 눈치가 보이고 자책하게 된다. 자존감은 자꾸 떨어져 나간다. 직장에서 스스로 주는 압박과 다른 사람한테서 받는 스트레스는 나를 힘들게 한다. 형편이 어려워 어쩔 수 없이 직장에 다녀야 하기에 1년 정도 다니면서 직장인 신용으로 대출을 받아서 농사의 부족함을 채우면서 살았다.

그러나 농사를 지으면서 직장에 다닐 때 받은 대출을 해결하지 못하였다. 우리는 이런 삶을 계속 반복하고 있었기에 삶은 점점 더 악순환되었다. 이때 우리가 진작 알아차리지 못해서 낭비한 시간이 십여 년 된다. 농사가 답이 없고 길이 아닌데도 자유롭기 때문에 계속 고집했던 것이다. 우리같이 하는 농사는 방향이 잘못되었다. 결국 또 직장 생활을 선택했다.

가난한 의식의 소유자는 이렇게 다람쥐 쳇바퀴 돌 듯 삶에 자유가 없고 주어진 환경에 따라 살아가다 보니 삶은 그저 악순환일 뿐이다. 닐 도날드 월쉬의 책 『신과 나눈 이야기』에서는 생계를 위하여 일하지 말라고 말한다. 가장이라는 책임 때문에 자신을 희생하지 말라고 한다. 희생 뒤에는 분노가 따르는 법이다.

우리들은 하고 싶지 않은 일을 하면서 점점 원하는 삶과 멀어진다. 왜냐하면 우리는 하고 싶지 않은 일에 열정을 쏟아부을 수 없기 때문이다. 또 하고 싶지 않은 일은 억지로 하는 일이기에 감정적으로 너무 힘이 든다. 대부분 어떤 일을 해야 할지를 모르며 자신이 무슨 일을 좋아하는지

조차 모른다. 직장 다니는 사람들은 그저 직장에서 하라는 대로 하고 그 일 외에는 아무것도 할 수 없다. 회사를 퇴직해도 삶은 계속적으로 돈을 필요로 하지만 사람들이 퇴직할 때 받는 퇴직금은 얼마 되지 않는다. 회사에 자신의 청춘을 다 바쳤지만 정작 돌아오는 퇴직금은 얼마 되지 않는 것이다. 수많은 사람들이 퇴직금으로 프랜차이즈 치킨 집이나 그 외에 가게 같은 것을 한다. 퇴직금으로는 먹고살 수가 없다는 것을 누구나 안다. 그러면서도 마땅히 할 것은 없고 또 퇴직 후 어디 직장 구하기도 힘들고 나이 먹고 남 밑에서 평생 일했으니 퇴직 후 사장이라도 되고 싶은 마음에 프랜차이즈 사업을 하는데 과연 이 중 얼마나 많은 수가 성공할까? 현실은 냉혹하다. 대부분 사람들이 다 가게 문을 닫고 거액의 빚을 진다. 프랜차이즈는 본사만 돈을 버는 시스템이다.

때문에 우리는 직장 다니는 지금 준비를 해야 한다. 나는 농사를 짓다가 뒤늦게 직장 생활을 시작했다. 내가 지금 직장 생활을 하는 것은 나의 자기계발을 위한 수단이고 현대판 노예의 삶을 2~3년 안에 끝내려고 계획하고 있다. 그 사이 나는 더 안정적으로 자신을 계발할 수 있고 또 자신에게 투자하는 만큼 더 큰 수익을 창출할 수 있다.

직장 다니면서 대부분 사람들은 직장 생활이 힘이 들어서 다른 어떤 것에 도전하지 않는다. 그냥 날마다 반복적인 삶을 산다. 그러나 똑같이 직장에 다니면서도 자기계발에 힘쓰는 사람은 같은 시간이 지난 후사는 삶이 선명하게 대조된다. 그들은 직장에 다니는 동안 자신의 기반을 갈고닦아 자신의 위치를 명확히 한다.

1년 동안 자신에게 투자하며 책을 쓰고 의식 성장을 하여왔다. 씨를 뿌린 만큼 거둔다는 것은 우주의 법칙이다. 자신에게 투자하는 만큼 자신에게 돌아온다는 것을 알고 있다. 현재는 밥벌이 때문에 현대판 노예인 직장인으로 살고 있지만 나는 직장 생활을 하는 중에도 나의 꿈을 놓지 않는다. 직장 생활은 꿈으로 향하는 하나의 수단이다. 생계를 위하여 모든 것을 직장 생활에 올인하지 않는다. 직장에서 주는 월급만 바라보지 않는다. 월급은 나의 꿈을 위해 더 자유롭게 나아가게 돕는 안전한 기반이다. 최소한의 안정적인 삶이 보장되면서 나의 꿈은 꿈 너머로 가고 있다. 큰 꿈을 가슴에 품고 꿈 실현을 위하여 일단 쫓기지 않는 삶에서 감사하는 마음으로 한 단계씩 밟아가고 있다. 꿈 실현을 위하여 자신을 만들어가는 과정이라고 생각한다. 기회를 잡기 위하여 자신을 준비하는 과정이라고 생각한다.

직장을 다니면서 나는 생산 담당자가 날마다 소리 지르고 화를 내는 모습을 본다. 누군가 조금 잘못하면 화부터 낸다. 나이가 많아서 판단을 제대로 못해 실수하는 사람들한테는 더 격하게 화를 낸다. 때로는 작업자도 리더의 몰아붙임에 대꾸한다. 작업자들도 이때까지 하라는 대로만 하면서 월급 때문에 '이놈의 회사'를 다니느라 분노가 많이 쌓여 있다. 현장 곳곳에서 가끔 생산 리더와 작업자 사이에, 작업자와 작업자 사이에 큰소리가 나곤 한다. 나는 직장에서 그러한 행동을 보면서 정말 직장 생활에 안주하지 않아야 하는 이유를 더 각인시킨다. 진정한 나의 꿈을 한 번 더 새기고 그 꿈을 머릿속에서 이루어간다. 물론 직장에 있는 동안은 성실하게 맡은 바의 일을 해나간다. 아직 초보라서 많이 서툴지만 자존심 내려놓고 선배들한테서 배우고 익힌다. 몸으로 하는 단순한 일이라서 직장 생활은 몸에 익으면 일하기가 쉽다. 사람과의 관계가 문제다. 사람과의 관계로 일이 쉬워지기도 또 힘들어지기도 한다.

지금 밥벌이 때문에 회사에 다니는 나는 몸은 고달프지만 날마다 의식을 성장시키기 위해 새벽 시간을 충분히 활용한다. 의식을 높이고 영적인 성장을 이루어야만 내가 원하는 삶으로 갈 수 있는 힘을 제대로 기를 수 있다. 아무것도 하지 않으면 나는 다시 가난한 의식 상태로 되돌아가게 되고 삶은 점점 나락으로 떨어지게 될 것이다. 의도적으로 의식 성장을 하는 나는 나의 환경을 스스로 창조해간다. 새벽 시간부터 내가 주체가 되어서 나의 원하는 삶을 그리며 만들어간다.

나는 책을 쓰면서 내 삶의 주체는 다른 누군가가 아니라 바로 나이며 지금의 삶은 내 선택의 결과이고 삶을 제대로 살고자 한다면 매일 매 순간 제대로 되는 선택을 해야 한다는 것을 깨달았다. 힘들어도 긍정적인 삶을 선택하고 긍정적인 방향으로 가고자 하는 나는 아름다운 미래를 만들어가고 있다. 이렇게 긍정적인 생각으로 하루를 시작할 때 나의 삶은 분명 같은 시간에 아무런 생각 없이 직장만 다니는 사람보다 더 멋질 것이다. 내가 주체되는 삶과 남이 주체되는 삶은 온전히 다를 수 있다.

"생각하는 대로 살지 않으면 사는 대로 생각하게 된다." 오늘도 이 명언을 마음속에 기억한다. 아침에 출근하기 위해 통근 버스를 타면 아침부터 버스에는 대부분의 사람들이 자고 있다. 너무 힘들고 지치기 때문이다. 나는 그 시간도 아까워서 출퇴근길에 내가 꼭 해야 하는 SNS 활동을 하고 찍어놓은 영상을 유튜브로 편집하고 점심시간에도 소량의 원고를 쓴다. 나는 오늘도 작가임을 잊지 않는다. 작가라서 시간을 쪼개고 다른 사람들이 다 자는 자투리 시간도 아껴가면서 나의 꿈을 이루어간다.

'나는 천재 작가다.', '나는 베스트셀러 작가다.'라고 자기 암시를 하면서 성공한 작가의 삶을 꿈꾸면서 출근 버스를 탈 준비를 한다.

더 나은 나의 미래를 생각하면서 더 좋은 것을 끌어당기기 위해 나는 오늘도 밥벌이 때문에 '을'이 된 것에 머무르지 않는다. 현재 나의 위치를 충실히 지켜나감과 동시에 나의 꿈을 위해 열정을 갖고 이 새벽에 공저 원고를 쓰고 있다. 비록 원고 쓰기에만 시간을 전적으로 투자하는 사람들보다는 늦지만 결국 나는 이번 공저2 원고를 다 써내고 말 것이다. 공저인 만큼 다른 작가님들과도 보조를 맞추어야 한다.

공저2『내가 제일 잘한 일은 책을 쓴 일이다』란 제목처럼 나는 책을 쓴 일이 정말 잘한 일이라고 생각한다. 책을 짧은 기간에 써냈기에 '나는 할 수 있다'의 마인드를 가지고 내가 주체인 삶을 살아가고 있다. 이것은 마음속에서 나오는 고백이다.

나를 힘들게 하는 것은 익숙한 삶의 패턴이다

삶을 살면서 제일 힘든 것이 마음의 힘듦이다. 사랑하는 이와의 이별, 굳게 믿던 존재의 배신, 외부의 지나친 기대와 그에 미치지 못하는 자신의 모습, 지속되는 가난과 실패, 오랜 질병 등으로 사람들은 힘들어한다.

나는 항상 나 스스로를 믿을 수 없던 순간들이 가장 힘들었다. 그래서 교회나 다른 어떤 사람이 나 대신 결정을 해주길 바랐고 원하지 않던 결과가 나올 때 절망하기도 했다. 스스로 의사 결정 하지 않은 채 누군가가 날 위해 결정을 내려주기를 바란 세월이 어언 40여 년, 긴 세월 동안 남이 나를 위해 결정해주기를 바랐으니 내 삶에는 나 자신이 전혀 존재하지 않았다. 그저 익숙한 패턴대로 살아가는 것이었다. 다른 영역에 도전할 생각은 전혀 하지 못하였다. 도전이 없고 변화가 없으니 삶에 성취감을 느낄 수가 전혀 없었다.

어느 하루 직장에 어떤 강사님이 오셔서 혈액형 분석을 한다고 얘기하셨다. 나는 O형이다. 어떤 선을 그어놓고 절대 나가면 안 된다 할 때 O형은 선을 넘는 유형이라고 했다. 그 말을 들으면서 나는 내 안에 어떤 것에 도전하고 싶은 욕망이 부글거리는 것을 알 수 있었다. 내면에는 항상 도전하고 뛰쳐나가고 싶어하는 욕구가 있었지만, 겉으로는 안 그런 척, 괜찮은 척, 현실 생활에 만족하는 척하면서 살아왔다. 지속적으로 자신을 억누르며 살아왔다. 결국 나의 이런 욕망을 분출시키는 데 결정적인 역할을 한 사람은 〈한책협〉의 김태광 대표님이다. 나는 이런 욕망들을 억누르며 살아왔기에 나의 욕망은 더욱 커져갔다. 마치 두더지 게임 같이 하나를 누르면 하나가 튀어 올라오는 것처럼 말이다.

나는 "성공해서 책을 쓰는 것이 아니라 책을 써서 성공한다"는 말씀을 듣고 나의 속에 있던 커다란 성취 욕구를 끄집어냈다. 나는 그 욕망에 사로잡혀 성공을 해보겠다고 결심했다. 나 혼자서는 힘들지만 이미 그 길을 가봤고 성공을 한 김태광 대표님이 도와주신다고 하셨다. 성공자가 도와준다면 빠르게 성공할 수 있을 것 같았다. 그래서 욕망에 충실하기로 하였다.

〈한책협〉에 간 나는 부자의 세계에 감탄했다. 나의 모든 생각과 행동은 부자 세계의 그것과 반대되었다. 낮은 의식으로 〈한책협〉의 시스템을 따라가려고 하니 자꾸 나에게 익숙한 사고방식이 튀어나왔다. 책쓰기 과정을 등록한 후 책 제목과 장 제목 쓰기 과제를 할 때도 시스템 대로 하면 쉽고 빠르게 할 수 있었지만 나는 늘 조급하게 내 생각만으로 과제를 했다. 그러다 보니 김태광 대표님께 퇴짜를 맞은 적도 여러 번 있었다. 하라는 대로 하지 않고 의욕만 앞섰으니 퇴짜를 맞는 것은 뻔하였다. 몇 번의 퇴짜를 받으면서 나는 시스템 대로 과제를 하기 시작했고 그에 따라 장 제목이 나왔다. 주제, 책 제목, 목차까지 다 나왔다. 원고를 작성하기만 하면 됐다.

그때부터 나의 의식 혁명은 시작되었다. 삶을 바꾸고자 한다면 예전의 삶에서 일단 멈추고 다시 방향을 설정한 후 전진해야 한다. 40여 년 동안 살아온 과거를 절대 돌아보지 말고 새로 정한 방향대로 거침없이 달려가야 한다. 지나간 것에 미련을 가지고 머리를 돌리는 순간 성경의 롯의 아내처럼 소금 기둥이 되어버린다. 이런 사실을 나는 얼마 전에 직장에서 체험했다.

내가 다니는 직장은 닭 가공 공장이다. 나는 절단 부서로 닭을 투입하거나 내포장 쪽에서 적재한다. 아직 절단 기술이 부족하므로 라운드로 절단하는 것을 배워가면서 다른 파트에 인원이 부족하면 거기서 일을 한다. 하루는 반장님이 한 번도 해보지 않은 다른 공정에 안배했다. 닭의 발을 회전레일에 있는 고리에 거는 일인데 전에 원료 투입을 하면서 가끔 앞에서 하는 사람들을 보아왔다. 닭의 다리를 잡고 두 발목을 고리에 거는 일인데 볼 때는 할 수 있을 것 같았는데 막상 해보라고 하니 잘 안되었다. 두 사람이 하나 건너씩 닭의 발목을 거는데 나는 그 일이 처음이라 자꾸 놓치는 순간이 있었다. 내가 놓칠 때마다 뒤에 사람은 나의 몫까지 처리해야 했다. 하나를 놓쳤다고 그것이 지나갈 때까지 계속 그것에만 닭을 걸려고 하니 앞에서 오는 새로운 고리도 다 놓쳐버린다. 점점 더 엉망이 되었다. 그래서 나는 지나간 것은 과감히 포기하고 앞에서 오는 것을 향하여 닭을 걸기 시작했다. 그러니 점점 안정이 되었다. 지나간 것을 볼 때 엉망이 되었지만 다가올 것을 볼 때는 안정적으로 자리를 지켜나갈 수 있었다. 허드렛일처럼 보이지만 나는 작가가 되고 나서 모든 일들을 작가의 글감으로 여기기로 했다. 현장에서 하는 모든 일을 글감으로 생각하니 일을 하는 것이 재미있고 기대되었다. 비록 공장 생활이 힘들고 직장에 묶여 있는 시간이 길지만 일하는 것이 즐거워졌다. 직장 내의 사람들의 좋은 부분을 보고 매사에 감사하는 마음을 가지고 일을 한지 어언 두 달째다. 3개월의 수습 기간이 한 달 남았다. 가끔 반장이나 조장이 물어본다. 힘들지 않냐고. 나는 정말 괜찮았다. 나는 직장 생활이 전부가 아니고 직장 생활을 발판 삼아 자기계발을 할 수 있다고 생각하기에 아직까지 열정적으로 잘 해나가고 있다.

때로는 실수하고 때로는 어리숙하지만 그래도 하루하루 맡은 바의 일을 최선을 다해 한다.

의식 성장 방면에서는 더 확실해졌다. 1년 동안 온전히 정말 의식을 높이기 위해 많은 노력을 하였다. 새로운 의식, 풍요로운 부자의 의식을 위해 의도적으로 노력하지 않고 몸과 마음을 그대로 가만히 둔다면 자연히 부정적인 생각에 맞춰 생각하고 행동하게 된다. 가만히 있는 것은 원하는 것을 선택하지 않음으로써 원하지 않는 것을 선택하는 행동이다. 그러다 보면 자연히 원하지 않는 결과들이 나타난다. 지금은 이 사실을 너무나 잘 안다. 이전에 나는 생각하지 않고 그냥 가만히 있었다. 도전도 변화도 없었다. 그렇게 가만히 있다 보니 결과는 점점 더 내가 원하지 않는 쪽으로 흘러갔다. 결과를 보고 실망하고 그 실망으로 더 가만히 있게 되고 나중에는 무기력하여 아무것도 하기 싫어졌다. 이 모든 사실은 〈한책협〉에서 의식 성장을 하면서 깨달은 사실이다. 과거의 선택을 통해 지금의 삶이 만들어졌기에 지금의 삶은 많이 힘들다. 그러나 지금도 아무것도 하지 않고 그냥 가만히 사는 대로 살아간다면 나의 미래는 지금보다 더 비참해질 것을 나는 안다. 그렇기에 지금 의도적으로 의식을 상승시키고 힘들어도 더 나은 미래를 위해 노력한다. 항상 의도적으로 원하는 것에 집중하면서 날마다 점점 더 나아지는 삶을 선택하고 그에 따라 행동한다. 생각만 하고 행동하지 않으면 결코 삶이 변화되지 않음을 너무나 잘 알기에 이제는 작은 것 하나도 행동하는 습관을 기른다.

닭 거는 작업을 했던 것처럼 나는 과거와 결별하기를 바란다. 이미 의식 성장을 위해 1년의 시간을 투자하면서 날마다 조금씩 과거와 결별하고 있다. 김태광의 『독설』 중에 이런 말이 있다.

"과거와 결별하지 않으면 미래와 결별한다."

내가 바라는 미래를 지금 그리고 창조해나가는 것이 진짜 삶이다. 성경에서도 하나님은 아브람에게 부모나 친지가 있는 익숙한 곳을 떠나서 하나님이 가라는 곳으로 가도록 한다. 익숙한 곳에서는 그 어떤 새로운 창조도 이루어질 수 없지만 사람은 늘 익숙한 환경에 안주하고 싶어 한다. 편안하고 먹고살 만한데 굳이 왜 힘들게 새로운 환경에 자신을 내맡기고 그것을 감당해야 하는가? 그 이유는 평범한 것이 가장 위험하기 때문이다. 평범함 속에서 살다 보면 수많은 다른 사람들과 똑같이 아무런 진보도 이룰 수 없다. 평범하고 안전한 가운데서 사람은 성장할 수가 없다. 애초에 우리들이 지구별을 선택한 이유는 험한 환경을 개척해나가고 이겨나가서 자신의 영적 성장을 이루기 위해서이다. 그 진리를 알고 난 후부터는 더 이상 평범하게 살아갈 수 없게 되었다. 항상 자신의 성장에 힘쓰고 노력해야 더 나은 성장을 이룰 수 있다.

지금에 충실하면서 미래를 보고 희망을 가진다. 하루가 희망적으로 시작하기에 고된 직장 생활도 거뜬히 잘 해나갈 수 있다. 이제는 직장 생활은 그냥 생계 때문에 다니는 것만은 아니다. 현재 나는 성장을 해나가는 과정에 있다고 생각하면 많은 일들이 수용되고 아무것도 모르고 삶을 살아갈 때보다 덜 힘들다. 결과를 알고 보는 스릴러 영화는 무섭지 않은 것과 마찬가지로 더 나은 결과가 기다리고 있다는 것을 알고 있기에 이미 마음속 깊은 곳에서는 인내할 수 있는 힘이 자리 잡고 있다.

어른이 채 되기 전에 노년으로 저물어가고 있었다

꿈과 희망이 없는 사람은 살아있지만 죽은 것이다. 한계 속에 갇혀서 날마다 '할 수 없다'는 생각으로 스스로를 감옥살이 시킨다. 스스로의 삶을 지키고자 하는 의지가 없는 사람은 누구도 도와주지 않는다.

나는 20대 초반에 한창 생명력이 왕성한 시절에 희망이 없었다. 계속적인 좌절로 일어설 용기를 찾지 못하였다. 그때 나는 우연한 기회에 심리 상담 선생님을 만났다. 그분에게 몇 개월간 1대 1 코칭을 받았다. 나는 그 선생님을 만나서 내가 가진 고민에 대해 얘기를 했다. "아직 20대인데도 80대 할머니 같이 하루하루 살아가는 것이 힘들었다."라고 말이다. 선생님은 일단 나의 얘기를 들어주면서 하루 1시간씩 선생님을 따라 움직이는 연습을 하자고 하셨다.

그 이후로 하루 1시간씩 빠른 리듬에 맞춰 춤을 추며 땀을 내고 상담을 진행했다. 처음에 몸치로서 춤을 추는 것이 영 어색했다. 그러나 선생님 따라서 한 달 동안 하고 나니 어느덧 몸과 마음이 가벼워졌다. 점점 재밌어지기도 했다. 무기력함에 길들여진 몸을 움직여서 땀을 빼고 자신감을 가지기 위해 노력했다. 몇 개월 훈련한 결과 어느 정도 내면의 힘이 강해졌다. 그렇게 조금 강해진 멘탈로 중국 광동에 있는 한국 기업에 일하러 갔다. 그나마 조금의 효과가 있었던 것 같았다. 일을 하면서 교회를 알게 되고 하나님에 빠져 있었다. 하나님에 빠져 있던 덕분에 삶은 조금이나마 희망적이었다. 그당시 누군가를 위해 목숨을 버릴 수 있다는 것에 진심으로 감동했다. 그래서 예수님 뜻대로 살고 싶었다. 그렇게 열정 가득한 시기에 성경을 1년에 4독 하는 기적이 있었다. 그때가 내 인생에 제일 행복했던 기간이었다. 성경이 말하는 대로 살고 싶은 욕망 때문에 그 힘으로 여태까지 버텨왔던 것이다.

그러나 성경적 지식을 알아가면서 나는 늘 하나님과 분리되어 있었다. 나는 죄인이 되었고 천국 가기 위해 하나님께, 교회 목사님께 잘 보여야 했고 성도들에게도 잘 보여야 했다. 그렇게 삶은 점점 거짓되어져 갔다. 나는 나의 자아상이 거짓되어가고 있는 것을 알게 되었다. 나는 성

경의 바리새인이 되어갔다. 예수님께서는 바리새인들에게 '독사의 자식'
이라고 한다. 왜 성경을 읽고 교회 예배에 참여하는데 나는 기쁘지 않았
을까? 왜 예배를 드리고 예수님께 집중하면서도 나 자신은 없었을까? 내
가 바라는 예수님은 어디 계실까? 다른 장로님 권사님의 예수님은 왜 나
에게 없었을까? 왜 하나님은 아브라함, 이삭, 야곱, 요셉의 하나님이고
나의 하나님이 되지 못하였을까? 성경의 하나님이 나에게 없었기에 나
는 삶에 기쁨이 없었고 삶 자체도 없었다. 나중에 김태광 대표님을 만나
서 김태광 대표님께서 추천해주시는 의식 성장 도서들을 읽으면서 나는
깨달았다. 내가 교회에서 찾아 헤매던 하나님은 교회에 있는 것이 아니
라 내 안에 있었던 것이다. 내가 바라던 하나님을 스스로 간직하고 있었
는데 어디 가서 그 하나님을 찾을 수 있었을까? 그러니 늘 채워지지 않았
다. 그러나 나의 존재를 알고 교회 밖에 하나님을 알아가면서 나는 드디
어 마음이 채워졌다. 하나님 한 분으로 채워지기 시작했다. 내가 그토록
찾고 바랐던 하나님이 나의 안에 거한다는 사실. 그것을 깨달은 것만 해
도 삶에 많은 변화가 생겼다. "너희는 하나님이 거하시는 성전이다." 이
말씀을 깨달은 것이다. 실제로 마음에 와닿는 깨달음이었다.

얼마 전에 시너지 네트워크 사업에 관심을 가지면서 맥파라는 의료기
기를 접하게 되었다. 이 기기로 혈관 나이와 스트레스 지수, 콜레스테
롤 지수 등 모든 내부의 것들을 측정할 수 있는 기회가 있었다. 나는 현

재 나이 43세인데 기기로 측정한 결과 나의 혈관 나이는 87세로 추정되어 충격을 받았다. 내가 그동안 힘들었던 것은 혈관 나이와 상관이 있었던 것 같았다. 몸 상태가 시원찮으니 마음도 영혼도 다 건강하지 못하였다. 나는 지난 1년 동안 의식 상승을 위해 많은 노력을 해왔다. 이제 모든 문제가 가난한 의식의 문제임을 깨달았다. 김태광 대표님 덕분에 '의식이 전부'임을 깨달았고 1년 동안 집중적으로 의식을 성장시켜왔다. 의식을 높이니 비로소 자신이 얼마나 소중한 존재이고 얼마나 대단한 존재인지를 알 수 있었다. 드디어 나 자신 그대로를 수용하고 사랑 받을만한 존재로 여기기 시작했다. 그것을 깨달음에 따라 다른 사람도 나와 같은 영혼의 존재로서 다 같은 하나님의 자녀임을 알게 되었다. 내가 영혼의 존재이듯 나 외의 모든 다른 사람도 다 영혼이 담긴 존재임을 알고 비로소 다른 사람도 사랑할 수 있는 마음이 생겼다. 나를 받아들이고 스스로 인정하고 나서 다른 사람들도 똑같이 소중한 존재임을 깨달아간다.

많은 사람들은 상상도 못 할 것이다. 20대 초반의 젊은이가 왜 무기력하게 삶을 살아가야 했는지. 꿈이 없고 방향이 없고 왜 살아야 하는지를 모르기 때문에 나이 20대에 80대의 생각을 가지고 살았다. 그렇게 20여 년이 지난 뒤 나는 비로소 내가 시간을 낭비했다는 것을 깨달았다. 성공을 위한 아무런 준비도 되지 않은 상태에서 성공을 꿈꾸기 시작했다. 그때부터 성공에 대해 꿈을 꾸면서 나의 잘못된 삶을 온전히 바꾸고 싶었다. 사람이 기존의 안일한 삶을 바꾸고자 한다면 뼈를 깎는 아픔과 고통을 이겨내야 한다.

　무엇이 사람을 움직이도록 하는가?
　자극이라고 생각한다. 가난한 사람은 늘 현실의 익숙한 상황에 안주하고 있다. 그들은 새로운 변화를 두려워하고 어떤 변화를 일으키기 위한 첫걸음을 떼지 못한다. 어떻게 첫걸음을 떼야 할지 모르고 어떻게 변화를 마주해야 할지 모르고 어떻게 의욕을 가지고 욕망을 가질지 모르고 있다. 그저 현실의 가난한 환경을 숙명처럼 받아들이고 도전하고자 하는 마음이 없다. 도전에 대한 두려움과 걱정, 이 모든 것은 단지 핑계일 뿐이다. 안일한 현실에서 벗어나고자 하는 강한 의지가 있으면 의도적으로 자신의 모든 삶을 바꾸고자 하는 강한 결단과 행동이 그 뒤를 따라야 한다. 작은 습관 하나하나가 변화되어가면 결과적으로 삶이 바뀐다.

　이전의 삶이 무익함을 알기에 그 삶을 바꾸고자 노력하고 있는 지금은 오히려 행복하다. 매일매일 기존 습관을 버리고 새로운 습관으로 몸을 부지런히 움직여간다. 스스로 부지런하다고 생각했던 모든 것들이 가짜였음을, 실제로는 게을렀음을 인정한다. 무엇에 도전하고자 하면 늘 핑계가 많았다. 스스로를 변화시키고자 하는 마음이 없었기 때문이다. 이제는 스스로를 변화시키고자 하는 마음이 강렬하기 때문에 날마다 생각과 행동을 바꿔나가고 있다. 이전과 완전히 다른 생각으로 조금씩 행동하고 있다. 미루었던 것들도 하나씩 해나가고 있다. 기존의 생각과 습관들이 불쑥불쑥 튀어나오지만 나는 지금 의도적으로 그런 마음과 생각과 행동을 고쳐나간다.

이 모든 변화는 〈한책협〉을 만난 뒤 일어난 자신에 대한 의식 혁명 덕분이다. 고정 관념을 바꾸고 행동을 해나가는 것이 혁명이라고 생각한다.

내가 원고마다 〈한책협〉을 찬양하고 김태광 대표님을 찬양하는 것은 내가 그곳에서 김태광 대표님께 긍정적인 사고방식을 배우고 자극받을 수 있었기 때문이다. 부자의 마인드를 배워가면서 스스로의 한계를 깨고 있기 때문이다. 마지막으로, 내 자신의 삶이 잘못되었음을 알아가기 때문이다. 그 자극과 가르침 덕분에 나는 행동할 수 있었던 것이다. 누가 나를 억지로 변화시키고자 하면 나는 변화될 수 없다. 아무리 다른 사람을 변화시키고자 애써봐도 본인이 변화하지 않는 한 변화시킬 수 없다. 스스로 변화하고자 하는 의지. 이것이 제일 강한 자극제이다.

어찌 보면 자신의 과거를 너무나 후회하기에 후회에 머무르지 않고 더 변화를 갈급할 수도 있다. 성공한 사람들은 시간이 제일 소중함을 안다. 그들은 많은 대가를 주고서라도 자신을 위한 시간을 확보한다. 20여 년의 시간을 아니 40여 년의 시간을 낭비한 나는 지금부터라도 나의 소중한 시간을 확보하려고 갖은 방법을 동원한다. 인생 2막은 절대 인생 초반처럼 살지 않으리라는 굳은 결심으로 가득 채우고 날마다 행동해나간다.

행동을 하면서 두려움과 불안과 고민이 사라져간다. 날마다 의욕이 넘친다. 살면서 이처럼 스스로 젊게 느껴지고 '할 수 있다'는 믿음을 가져본 것은 처음이다. 늘 깨어 있는 삶으로 나날이 가슴에 충만함을 느낄 수 있다.

06

가장 쉽고, 간단하고, 효과적으로 인생을 바꾸는 법

성경에 "심령이 가난한 자는 천국이 저희 것이다."라는 문구가 있다. 나는 전에 '심령이 가난한 자'를 잘못 이해했다. 아무 욕심도 없이 아무 바람도 없이 가난하게 살아가는 사람을 말하는 줄 알았다. 그래서 욕심도 욕망도 그 어떤 바람도 갖지 않았다. 소망도 희망도 비전도 꿈도 아무것도 없었다. 그 결과 나는 죽어만 갔다. 바라는 것들이 이루어지는 체험도 하지 못하였다. 꿈도 없이 미래가 어둡기만 했다. 물리적 몸은 살아서 숨을 쉬나 영적으로는 죽어 있었다.

나는 최근에 김태광 대표님을 만나고 나서 '심령이 가난한 자'에 대해서 제대로 알게 되었다. 그 말은 아무것도 바라지 않고 현재의 환경에 안일하게 살라는 뜻이 아니었다. 그 말은 더 큰 꿈을 꾸고 행동에 따르는 성취감을 누리라는 말이었다. 성취감을 키워나갈 때 우리는 천국을 맛볼 수 있는 것이다.

지금 당신의 인생은 만족스러운가? 만족하는 사람들은 대부분 안일한 환경에 적응하고 그 환경에서 그저 그대로 살아가는 것이다. 안일하기에 도전하지 않고 도전하지 않기에 가슴이 설레거나 뛰지 않는다. 가슴이 설레거나 뛰지 않는 채로 살아가다 보면 나중에는 삶이 점점 더 우울해진다. 열망도 열정도 헌신도 그에 따른 모든 행동이 이어지지 않는다. 사람은 점점 더 게을러지고 눈앞의 것만 보고 산다. "생각하는 대로 살지 않으면 사는 대로 생각하게 된다"는 말이 이루어지는 것이다.

현재의 삶에 만족하지 못하고 더 높은 단계로 더 나은 삶을 향해 달려가는 사람들은 늘 성공에 목말라 있다. 성공에 목말라 있다고 다 성공하는 것은 아니다. 사람들은 간절히 바라면 이루어진다고 말하지만 나는 그렇게 생각하지 않는다. 간절히 바라고 그 바라는 것에 집중하고 뒤에는 항상 행동이 따라야 간절히 바라는 것이 이루어질 수 있다. 또 우리가 사나 죽으나 우주의 법칙이 작동하고 있다. 우리는 그 법칙을 무시하고서는 성공할 수 없다.

왜 직장에 다니는 수많은 사람들이 성공을 원하지만 성공하는 사람은 몇 % 되지 않을까 하고 그 이유를 생각해본다. 몇 년 혹은 몇십 년 직장 생활을 해봐야 그저 먹고살 수만 있는 상황, 부와 성공과는 거리가 멀다. 심지어 그 많은 시간을 직장을 위해 몸 바쳤지만 신입보다 조금 더 많은 월급을 받고 있을 뿐이라는 결과가 나온다. 그럼 직장 다니는 사람은 절대 성공할 수 없는가? 성공은 자신의 기준이기에 나름대로 할 수는 있지만 부자는 될 수 없다.

직장인은 대부분 가난한 의식의 소유자이다. 때문에 직장인은 그달 받는 월급으로 만족하고 아끼고 저축한다. 그러나 이런 마인드로는 은퇴 후가 걱정스러울 뿐이다. 직장에 다니는 지금 우리는 은퇴 후를 위하여 준비를 해야 한다. 은퇴 후를 위하여 어떻게 준비할까?

나는 먼저 직장인의 가난한 의식을 바꾸어야 한다고 생각한다. 직장인의 하라는 대로 하는 가난한 의식을 뜯어고치고 내가 주인 된 의식을 가져야 한다고 생각한다. 모든 일에 '내가 주인이라면'이라는 사고를 할 수 있어야 하고 또 직장에서 받는 월급에만 만족하지 말고 자신이 은퇴 후에 무엇을 할 수 있을지에 대해서도 생각을 해보고 대책들을 마련해놔야 한다. 직장 다니면서 은퇴 후의 대책이 없다면 직장 생활을 하는 동안 시간만 낭비하는 것이다. 직장 다닐 때, 밥벌이 신경 쓰지 않을 때 인생 2막을 준비하는 현명한 사람들은 책을 쓰기 시작한다. 그들은 책을 써서 자신을 퍼스널 브랜딩하기에 은퇴 후 사업을 하더라도 그 사업이 홍보가 잘되고 또 명예도 가진다.

주변의 어떤 사람은 블록체인 전문가임에도 불구하고 저서가 없어서 책을 쓴 후배보다 못한 경우가 있었다. 그때 그는 책쓰기를 배우기로 결심했다. 그래서 그는 3년 전에 다른 전문가라고 하는 사람을 찾아갔지만 책을 써내지 못하였고 책을 쓰고 싶은 열정과 두려움을 갖고 있었다. 그러던 그 작가님은 마침내 "성공해서 책을 쓰는 것이 아니라 책을 써야 성공한다"라는 김태광 대표님의 메시지를 듣고 〈한책협〉으로 오셨다. 그는 처음에 3년 동안 책을 써내지 못한 두려움과 망설임으로 김태광 대표님을 만나서도 책을 써내지 못할까 하는 염려 속에서 원고 집필 과정이 더뎠다. 그러나 김태광 대표님의 목숨 건 코칭으로 점점 자신감을 찾고 이제 책까지 출간하게 되었다. 그분이 바로 『블록체인이 미래를 바꾼다』의 저자 오진현 작가님이다.

또 나의 동기 엄지언 작가님도 3년 동안 책을 쓰고자 했지만 책을 써내지 못하였고 결국 김태광 대표님을 만나서 3권의 베스트셀러 『예민한 아이 육아법』과 『엄마의 주식공부』와 『나는 부자 엄마가 되기로 했다』의 저자가 되었다. 지금은 김태광 대표님의 도움으로 1인 창업을 해 엄마들을 위한 예민한 아이 육아법과 주식 투자를 가르치면서 1인 창업가, 메신저의 삶을 살아가고 있다. 동기 작가님의 이러한 성취를 볼 때 나는 많은 자극을 받는다.

자극을 받으면서 나도 메신저의 1인 창업을 꿈꾼다.

인생을 바꾸는 가장 빠르고 효과적인 방법은 '나의 이름으로 책을 써내고 자신을 퍼스널 브랜딩 하고 1인 창업가로 메신저의 삶을 사는 것'이다.

지금 수많은 유튜버들이 있지만 그들이 100만 유튜버가 되기까지 수많은 시행착오를 겪었을 것이다. 그러나 작가라는 입장에서는 더 적은 구독자 수로도 큰 성과를 이룰 수 있다. 작가라는 나의 1,000명 분신이 나를 위해 홍보해주기 때문이다.

독자에서 저자로 위치를 바꾸고 사인받는 입장에서 사인해주는 위치로 바뀌었을 뿐인데 사람들의 삶이 현저하게 바뀌고 있다. 수많은 작가님들의 후기 공유에서 느낄 수 있는 것이다.

성공한 사람들은 알게 모르게 우주의 법칙을 준수하고 활용하는 사람들이다. 심는 대로 거두는 것이 우주의 법칙이다. 부를 원하면 부를 위한 것을 심어야 한다. 마음속에 부를 바라고 부가 이미 이루어진 상태를 믿으며 확신하고 그 부를 이루는 데 대한 행동을 심어야 부라는 열매를 맛볼 수 있다.

직장에 다니고 있는 지금이 책을 쓰고 1인 창업을 하여 코로나 이후에 사태에 대비해야 하는 때다.

지금부터 자신을 퍼스널 브랜딩하고 1인 창업가로 자리매김하여 시간적 자유를 얻도록 해야 한다. 언제까지 직장에서 현대판 노예의 삶을 살 수 있을까? 직장에 평생 몸담아봐야 직장은 우리의 노후를 책임져주지 않는다. 우리 스스로 노후를 책임져야 한다.

지금 준비하지 않으면 씨를 뿌리지 않으면 언제 열매를 맛볼 수 있는가? 평생 직장의 노예로 살기에는 우리의 인생이 너무 아깝다. 나이 들어서 후회하는 삶을 살지 말고 자신의 노후를 위하여 시간을 아껴가면서 자신을 위해 투자하라. 네트워크 사업도 좋고 유튜버도 좋고 블로그 마케팅을 비롯한 SNS 마케팅도 좋고 책쓰기도 좋다. 자신에게 투자하는 것이 자신에게 몇 배가 되어 돌아올 것이다.

그중에서 가장 먼저 책을 써야 한다고 생각한다. 책을 쓰고 나면 모든 것이 자연히 뒤따라오게 된다. 책을 쓰고 가슴이 설레는 인생을 한번 살아보자. 작가라는 대우를 받으면서 폼나게 멋지게 나의 목소리를 내보자. 시간·경제적 자유를 맘껏 누리면서 행복한 노후를 준비해보자. 준비하는 대로 거둘 것이니.

직장인들이여. 직장 일에 지치고 피곤한 지금이 가장 적절한 시기다. 안일한 직장 생활만 하지 말고 지금 책쓰기에 도전하자. 시간이 없으면 시간을 만들고 잠을 줄여서라도 지금, 인생 2막을 준비하자.

07

노인의 99%가 나이 먹고 가장 후회한다는 것

며칠 전에 인스타그램에 올라온 어느 글에 감동을 받은 적이 있다. 92세 할머니께 '제일 억울한 게 뭐냐?'고 물었다. 주름도 돈도 아니었다. '언제 한번 놀아보나.' 그것만 보고 살았는데 좀 놀아보려고 하니 몸뚱아리가 말을 안 듣는다는 것이다. 나는 이 할머니뿐만 아니라 수많은 사람들이 하고 싶은 일을 하지 않았을 때 혹은 하지 못했을 때를 가장 후회한다고 본다.

우리는 가끔 하고 싶은 일이 있어도 금전적 어려움으로 인해 또는 가족들의 눈치를 보느라 해보고 싶은 것들을 못 하고 살아간다. 그러다 보면 그것이 계속 마음에 짐이 되어 안고 가노라면 인생이 점점 더 무거워진다.

책쓰기도 마찬가지다. 블로그나 많은 sns 친구들은 책을 쓰고 싶어 한다. 그러나 그들은 그것을 지금 하고자 하지 않는다. 그들은 아이들 다 키우고 또는 아이들이 분가하고 나면 아니면 형편이 좀 좋아지면. 이렇게 늘 미루고 미루고 있다. 마음 한구석에는 책을 쓰고 싶다는 소망을 계속 지니고 있다. 이루고자 하는 바를 지금 하지 않으면 특별히 결단하지 않고는 그 소망이 이뤄지기는 힘들다. 인생은 죽을 때까지 계속 문제의 연속이다. 한 문제가 해결되면 또 다른 문제가 생겨난다. 늘 문제가 지나가면 한다는 생각은 결국 하지 않겠다는 것이다.

나도 책쓰기를 할 때 그런 마음이 들었다. 현재 형편이 어려워서 나중에 형편이 좋아지면 책쓰기를 할까 고민했다. 그러나 김태광 대표님의 유튜브를 들을수록 더 이상은 책쓰기를 미룰 수 없음을 알게 되었다. 그때 결단하지 않고 형편이 어려운 탓을 했더라면 지금까지도 책 한 권 써내지 못하고 그냥 책을 쓰고 싶은 마음만 점점 더 커졌을 것이다.

그러나 그 당시 나는 결단을 했다. 내가 경제적으로 어렵더라도, 책을 쓰고 나서 경제적으로 어려워서 죽더라도 쓰고 싶었다. 그렇게 결단을 내리고 행동이 따라가니 벌써 여섯 번째 책이 내 이름으로 나올 수 있었다. 비록 공저지만 직장 다니는 나에게 책쓰기는 책을 쓰는 느낌이나 기분을 잊지 않고 항상 작가의 관점으로 세상 돌아가는 이치를 바라볼 수 있게 해준다. 늘 자신이 작가임을 기억하고 작가로서 글을 쓸 수 있는 마음을 가진다는 것이 직장 생활하는 데 더없이 중요하다. 김태광 대표님이 공저의 기회를 주신 덕분이라고 생각한다.

어떤 사람들은 얘기한다.

"직장 생활만으로도 힘든데 뭐 한다고 책 쓴다고 사서 고생하느냐?"

그러나 내가 지금 하지 않으면 어떤 결과도 나오지 않는다. 무엇인가를 하면 잘했든지 못했든지 그에 따르는 결과가 나온다. 결과를 만들어내는 삶은 늘 도전적이고 다음 결과를 위해 헌신을 할 수 있게 한다. 1가지에서 성취감을 느끼면서 점점 더 큰 성취감을 느낄 때 하지 않았던 사람들은 그냥 부러워한다. 부러워하면 뭐 하나. 이미 먼저 시작한 사람은 결과를 만들어냈고 한 단계 더 높이 부상하고 있다.

언젠가 오종남 작가의 유튜브 채널에서 '21세기 인생설계'라는 강의를 들었다. 강의 중에 우리나라의 고령화 문제의 심각성을 집어주시면서 지금 우리 세대가 노후를 위한 준비를 해야 함을 말씀하고 계셨다. 우리는 초등학교 6년 동안 국어에서 주제 파악을 배웠고, 중학교 3년 동안 수학에서 분수를 배웠다. 이는 즉 주제를 파악하고 분수를 지키면서 살라는 뜻이다.

이 말은 미국에 아내와 아이를 조기 유학 보내고 한국에서 힘들게 직장 생활하고 집을 팔고 하면서 자녀와 아내에게 돈을 다 바치는 기러기 아빠들의 노후를 말씀하면서 한 말이다. 아이들이 상급 학교에 진학하고 성과를 거두었다고 해도 성공해서 부모를 각별히 모시는 사람들 적고, 또 부부가 서로 먼 나라에 따로 떨어져 살고 있다가 다시 만날 때 서로 부자연스러움을 느끼고 또 그렇게 기러기 아빠가 된 남편들은 대부분 노년에 행복하지 않음을 말씀하셨다.

이전 세대는 자식에게 아낌없는 헌신을 하였기에 지금 부모님들은 그나마 자식들이 효도하고 공양하고 있지만 낀 세대인 우리는 위로는 부모를 공양하고 아래로는 자녀를 부양해야 한다. 우리 세대가 부모 공양 효도의 마지막 세대라고 한다.

그러면 아낌없이 지금 모든 것을 자식만을 바라보고 자식에게 올인한다면 과연 그 기대를 자식들이 충족해줄 수 있을까?

강의 중에 한 방청객이 질문한다. "저는 은퇴하기 1년 전인데 아직 노후를 위해 어떤 준비도 되지 않고 있습니다. 어떻게 해야 할지 모르겠습니다." 여기에 오종남 작가님은 이렇게 말씀하신다. "비록 지금 준비가 되지 않았지만 1년이라는 시간이 남았으니 지금 은퇴 후를 위하여 곰곰이 생각하고 준비를 하세요. 그렇다고 사업을 준비하라는 말은 아닙니다."또 다른 한 분은 "그동안 나라에 세금도 많이 내고 연금도 있는데 괜찮지 않을까요?"라고 질문했다. 그러나 연금도 우리의 노후 문제를 해결하지 못한다. 연금법을 나라에서 만들 때는 단기간에 장수 인구가 증가할 줄을 몰랐고 또 수많은 연금을 기다리는 사람들이 있기에 턱없이 부족한 연금으로는 그들이 원하는 삶을 살 수 있도록 충분히 도와줄 형편이 안 된다.

저축하면 돈이 되는가? 점점 이율이 낮아져서 나중에는 저축할 때도 오히려 돈을 내고 저축해야 할 수도 있다.

그럼 우리는 어떻게 노후를 준비해야 하는가? 지금 직장에 다니면서 인생 2막은 필히 준비해야 하는 과정이다. 위에 예를 든 사람들처럼 아무런 대책이 없지 않도록 말이다. 은퇴하고 아무런 대책이 없다면 삶이 정말 우울할 수 있다. 왕년에 직장에서 잘나갔더라도 정작 은퇴하고 나서 삼식이(집에서 세 끼를 해결하는 사람)가 되었다고 생각해보라. 그동안 아이를 키우느라 고생하다가 드디어 자유를 찾은듯했던 아내는 하루아침에 삼식이가 되어 자유를 뺏는 남편이 반가울까? 전혀 반갑지 않을 수 있다. 아내들은 아이들이 성장하는 동안 이미 새로운 관계들을 형성하고 있었기에 늘 집에 남편이 없는 삶에 익숙하다. 남편이 은퇴하고 나서 그제서야 아내만 바라본다고 해도 아내의 마음은 그렇지 않은 것이 당연하다. 은퇴 후의 남편들은 특히 더 비참하다. 은퇴 후에도 자신의 위치를 세우고 자신이 경제적 자유를 누리는 삶을 살고자 한다면 메신저의 삶을 살아야 당당하게 '나 답게' 살아갈 수 있다. 그러기 위해서는 나 자신에 투자해야 한다. 책을 써서 나를 퍼스널 브랜딩 하든지 주식이나 부동산 공부를 하여 돈을 벌든지 아니면 다른 어떤 것에 투자하여 은퇴 후에도 수익이 생기는 구조를 만들어놔야 한다는 것이다.

나는 '성공해서 책을 쓰는 것이 아니라 책을 써서 성공하라'는 김태광 대표님의 가르침대로 인생 2막을 책을 쓰는 것으로 준비를 했다. 책을 쓰는 과정이 고가이지만 그 어떤 가게를 차리는 비용보다는 안전하다. 그리고 책이라는 매개체를 이용하여 1인 창업을 하고 1인 창업으로 기반을 잡아서 노후를 준비하면 된다.

노후에도 1인 창업으로 메신저의 삶을 살아갈 때 자신의 지혜와 경험을 돈을 주고 팔 수 있는 시스템을 마련하는 것이다. 그러면 노후에도 직장의 구속을 받지 않고 책을 쓰며 인세를 벌어들일 수 있다. 자신이 잘하는 일로 돈까지 벌 수 있는 책쓰기는 노후를 위한 하나의 파이프라인 구축이라고 볼 수 있다.

〈출판 가이드 시스템〉 특허를 받았으며 1,355권을 기획 및 집필하고, 중고등학교 교과서에 16편의 글이 실리고, 1,100명의 작가를 배출한 〈한책협〉 김태광 대표님에게 책쓰기를 배우면 노후를 준비할 수 있는 시스템을 구축할 수 있다. 그러면 우리는 노후에 책을 쓰고 강연을 다니는 메신저의 삶을 살면서 경제적인 자유를 누릴 수 있다. 이제 자식에게 올인하는 것은 답이 아니라는 것을 알고 있고 노후에 자식에게 손 내밀지 않는 것이 자식을 사랑하는 행위라는 것을 알고 있다면 자식에게 희생하기보다 마음속에 그리는 일부터 하기를 바란다. 죽기 전에 책 한 권 쓰고 싶은 소망이 있다면 지금부터 그렇게 하면 된다. 책 한 권 쓰기를 바라면 지금 배우고 짧은 기간 내에 책이 나오는 결과를 맛보면 된다. 나는 이 모든 것을 〈한책협〉에서 배웠다. 책쓰기 과정 6주 수료 후 3주 만에 책 출판 계약을 했고 책은 3개월 안에 출간되었다. 현재 책쓰기를 배운 지 1년이 되었는데 지금 이 책이 여섯 번째 공저가 된다.

그때 책쓰기로 결단한 것이 참으로 잘한 일이다.

08

계획이 있는 노후는 절대 흔들리지 않는다

전에 직장을 다니면서 알게 된 지인들 중 한 명은 60대 초반인데 이미 노후 준비를 다 해놓았다고 한다. 몇십 년 직장 생활을 하면서 아이들을 다 키워 멋진 직장인으로 또 안정된 가정을 이루기까지 하였다고 한다. 그러면서 퇴직금과 연금으로 노후를 살 수 있다고 한다. 한 달에 한 100만 원 정도 나온다고 하면서 자랑스럽게 얘기했다.

그러나 우리는 생명이 길어지고 물가가 더 오르고 노년에 들어서는 병원 신세를 많이 질 수도 있다. 한 달에 100만 원 가지고는 노후의 삶을 보장받을 수 없다. 지금은 직장 다니고 몸이 건강하지만 하던 일을 멈추고 쉬게 되면 그때부터는 있는 한정된 돈으로 삶을 살아가야 한다. 나름대로는 계획이 있기에 많은 사람들이 노후 걱정을 하지 않으며 연금 하나를 바라보면서 직장 생활을 더 열심히 한다. 또 본인들이 자식을 위해 그만큼 해줬는데 자녀들이 어떻게든 자신들을 책임져주지 않을까 하는 기대감도 갖고 있다.

그들이 노후 준비를 한다고 나름대로 계획을 세우고 살고 있지만 대부분 사람들의 노후는 썩 좋지 않다. 한국 노인 빈곤율이 세계 1등, 노인 자살률이 세계 1등이다. 젊어서 잘나가던 사람들도 노후에 자녀들 때문에 가난해진다. 아낌없이 퍼주었건만 자녀들은 부모님 수중에 돈이 좀 있는 것 같으면 이리저리 도와달라고 애원한다. 그러면 부모는 자신의 노후가 걱정되지만 그렇게라도 자식을 도와주면 자식들이 자신들을 돌봐주지 않을까 하는 막연한 기대를 하며 자식이 원하는 대로 해준다. 그러나 현실은 더 안 좋다. 어떤 사람들은 젊었을 때 사업도 번창하고 했지만 자식들의 끊임없는 뒷바라지로 정작 자신은 폐지를 주워 생계를 유지하곤 했다. 폐지도 못 줍는 날이 많고 더 젊은 노인들이 먼저 손을 쓰기에 끼니도 때울 수 없는 형편에 이른다. 날이 갈수록 노인들이 점점 더 가난해진다. 메리츠 화재의 존 리 대표는 한국의 중년들이 투자를 하지 않고 안일하게 연금만을 기대하는 데 대해서 아주 놀라워하고 있다. 그나마 미국 같은 경우는 직장 다니는 동안에 월급의 10프로는 주식에 투자하도록 하는 방법이 있어서 다행이지만 한국은 온전히 자식들에 올인하는 모습에 노인 빈곤율 세계 1위라는 불명예스러운 순위에 올라 있는 것이 아닌가 하고 말하기도 한다. 자식이 우리의 인생을 책임져주지 못한다. 자식들은 성인이 되기까지 부모들이 도와주고 성인이 되면 특히 가정을 이루고 난 후부터는 경제적 독립과 정신적 독립을 이루어야 한다. 그러나 자식들이 도와달라는 대로 다 도와준 부모님들이 요즘 들어 평온한 노후를 맞이하는가? 주변에서 보는 노인들의 고독사가 이 질문에 대한 답이다.

미국은 고령화 사회가 되는 데 100년이 넘는 시간이 걸렸고, 일본은 36년이 걸렸다. 한국은 고령화 사회가 되는데 26년이 걸릴 것으로 예상된다. 그 어떤 나라보다 짧은 시간이 걸리는 것이다.

지금 우리나라는 저출산과 고령화 문제가 심각하다. 우리는 이런 위기를 해결하는 데 일조해야 한다. 어떻게 일조해야 하는가? 우리는 늙어서 자신에게 손을 내밀지 않는 것도 자식 사랑이라는 것을 깨달아야 한다.

자식에게 아낌없이 퍼주면 노후에 필히 후회한다. 지금 직장 다니고 수중에 어느 정도의 돈이 있을 때 자신에게 투자하라. 자신에게 투자하는 만큼 배로 자신에게 돌아온다. 어디에서도 모든 것을 자식에게 올인하지 말라고 가르치고 있다. 이제 우리 세대들은 좀 더 똑똑해져야 한다. 우리가 자신에게 투자하고 성공하면 부모에게 효는 자연히 따라가고 자녀들은 더 좋은 환경에 놓일 수 있다. 그 길이 메신저의 삶을 사는 것이다. 자신이 가진 지혜와 깨달음을 다른 사람들에게 팔 수 있는 것이다. 그렇게 함으로써 경제적 시간적 여유를 가질 수 있는 일이다. 자신에게 투자하지 않고 자기계발을 게을리하면 노후에는 서러워서 눈물이 날 수밖에 없다.

나는 나의 노후를 지금보다 더 멋지게 살기 위해서 나의 의식을 높이기 위해 1년 이상을 투자했고 나의 몸을 건강한 몸으로 만들기 위해 몸에 독소를 빼기 위해 노력했다. 나는 왜 이제 와서 나의 몸에 투자하는가? 나는 정신적으로나 육체적으로 자신에게 한 번도 투자해본 적이 없다. 그렇게 아끼면서 살아도 나의 삶은 누구보다 멋지고 아름다운 삶이 되지를 못했다. 자신에게 투자하지 않은 만큼 나의 삶은 더 행복하지 못하였다. 자신의 소중함을 몰랐던 것이다. 그러나 이제 의식 성장을 위해 1년간 자신에게 투자하면서 나 자신의 소중함과 사랑스러움을 보게 되었다. 사람이 원래 내면에 갖고 있는 원석을 보화로 만들려고 해도 갈고 닦는 시간과 노력이 필요하다. 나도 나의 보화를 끄집어내기 위해 자기계발을 아낌없이 한다.

자기계발 한답시고 책만 읽어도 아무런 변화를 일으킬 수 없다. "책을 쓰는 것이 자기계발의 끝이다."라는 김태광 대표님의 말씀이 있다. 책을 쓰는 과정에 자신의 보화를 갈고 닦을 수 있는 것이다. 어릴 때 갇혀버린 자신의 내면 아이는 상처투성이에서 드러나고 치유될 수 있다. 책이라는 나의 1,000명의 분신은 나를 밤낮으로 퍼스널 브랜딩 해준다. 그걸 알지만 책은 아무나 쓰냐고 물을 수 있다. 책은 아무나 쓸 수 있다. 어떤 코치를 만나느냐에 달렸다. 내가 책쓰기를 하기 전에 했던 말이 바로 '책은 아무나 쓰냐'이다. 그러나 나는 세계 1등 책쓰기 코치를 만나서 한 달도 안 되는 사이에 내 이름으로 된 책을 써냈다. 지금 와서는 당연히 나 같은 사람이 책을 썼으니 당신도 책을 쓸 수 있다고 말한다. 왜냐하면 1등 코치가 목숨 걸고 코칭하기 때문에 책이라는 결과는 빨리 나올 수밖에 없다. 게다가 제일 중요한 의식 성장으로 인하여 예비 작가의 의식이 바뀌면서 자신이 정말 소중한 존재이고 무한한 능력자의 자식이라는 정체성이 확립되고 이는 우리를 무한한 존재처럼 창조자로 만들어간다.

현재 〈한책협〉의 많은 작가님들이 대부분 평범한 사람이었지만, 책을 쓰고 1인 창업을 하여 가난을 탈출하고, 시간·경제적 자유를 누리게 되었으며, 제일 중요한 것은 책을 읽는 독자에서 책을 쓰는 저자가 되었다는 것이다. 다른 사람의 책을 보고 사인해달라고 하던 입장에서 다른 사람에게 나의 이름으로 나온 책을 선물해준다. 또 나의 이름으로 나온 책은 국립도서관에 영구 보존되어 있다. 책을 씀으로 인해 가문의 영광이 되고 사회적 위치를 높이고 강연과 1인 창업이 가능해지고 있다. 이 모든 것들이 다 김태광 대표님이 말씀하신 대로 된 것이다. 명심하자. "성공해서 책을 쓰는 것이 아니라 책을 써서 성공한다."

1년 동안 나는 〈한책협〉을 지켜봤다. 〈한책협〉은 말 그대로 작가 생산 공장이다. 책을 집필하는 기간이 짧다고 누가 감히 퀄리티가 떨어진다고, 좋은 책이 나오지 못한다고 말하는가? 최근 〈한책협〉 작가님들 책은 중쇄를 찍는 사례들이 수두룩이 많으며 수많은 작가님들의 책이 온오프라인에서 베스트셀러가 되어 있다. 이렇게 수많은 작가님들은 다 자신만의 경험과 지혜를 가지고 있고 1등 코치가 그 가능성을 끄집어내준다. 〈한책협〉 시스템대로 잘 따라가는 사람은 정말 짧은 시간 내에 1인 창업을 시작하고 경제적 시간적 자유를 누린다. 수많은 사람들이 최종적으로 원하는 '행복'은 시간·경제적 자유를 누릴 때 이루어진다. 돈 없어도 행복하다고? 가난해도 사랑이 전부라고? 그렇게 말하는 사람이 있지만 가난에 쪼들리면서 행복한 사람은 없다. 돈이 많을수록 사람이 자유롭고 여유로워질 수밖에 없다. 사랑과 감사의 마음을 표현하려고 해도 돈이 없으면 어려운 것이 사실이다. 사랑한다는 한 마디 말에 꽃다발을 함께 안겨주면 진심이 더 잘 전해질 것이다. 부모를 사랑하는데 병원비를 부담하기 힘든 사정이면 그런 사람이 과연 행복할 수 있을까?

가난에 시달리다 진리를 깨닫고 자수성가한 김태광 대표님은 말한다. "책을 쓰고 자신을 퍼스널 브랜딩하고 1인 창업으로 메신저의 삶을 살아가는 것이 가장 빠르게 부자되는 길"이라고 한다.

부자 되고 싶고 가난한 상황을 바꾸고자 한다면 이미 그 길을 가서 결과를 보여주는 사람을 멘토로 잡고 그가 간 길을 따라가면 우리는 시행착오를 겪지 않을 수 있다. 시간·경제적 자유에 더 가까워지고 삶이 더 행복해질 수 있다.

거인의 어깨 위에 서면 거인처럼 멀리 바라볼 수 있다. 거인이 수많은 시행착오 끝에 터득한 돈이 되는 지혜를 가르치기에 우리가 원한다면 그 길을 따라가며 시간을 단축할 수 있다. 믿거나 말거나 선택은 언제나 자신의 몫이다.

　내가 〈한책협〉을 만나서 1년 동안 보고 듣고 배운 사실은 시간을 단축하기 위해서는 최고의 코치를 멘토로 삼아야 한다는 것이다. 인생에 있어서 시간은 한정되어 있으므로 시간을 단축하여 얻은 성취감 뒤에는 꿈 너머 더 큰 꿈이 있다는 사실도 알았다.

책을 쓰면서
거짓말처럼

2장

이샛별

인생이
달라지기
시작했다

이샛별

약력 : 수학 강사, 행복한 수학 공부를 할 수 있도록 티칭보다 코칭을 해주는 선생님

저서 : 『수학을 잘할 수밖에 없는 수학 공부법』, 『버킷리스트26』(공저), 『나를 사랑하게 되는 자존감 회복 글쓰기 훈련』(공저)

책쓰기는 나를 돌아보게 하는 시간이었다

인생을 살아가면서 자의든 타의든 선택에 대해 후회를 하는 편인가? 뒤돌아보지 않고 직진하는 편인가?

인생은 선택의 연속이다. 그 선택들이 모여서 내가 되는 것이다. 그렇기에 만약 다른 결과를 만들어보고 싶다면 다른 선택을 해야 하는 것이다. 하지만 사람들이 편안한 상태를 유지하는 것을 좋아하는 것은 자명한 사실이다.

아침에 출근할 때면 퇴근해서 '헬스장에 꼭 가야지!'라고 생각하지만 몸도 피곤하고 생각은 바뀐다. '오늘은 일도 많았으니까 내일부터 더 열

심히 하자.'

냉장고에서 맥주를 한 캔 꺼내들고 오늘의 고단함을 씻는다는 말로 스스로를 위로한다. 그렇게 하루가 일주일, 한 달, 일 년, 3년, 10년. 인생이 되어버린다.

더 나은 삶을 위해서 더 나은 선택을 하고 조금은 불편한 선택을 해야 한다는 걸 알지만 인간의 습성이 익숙한 관성에 의한 편한 선택을 하고 만다. 그렇다면 결론은 뻔하다. 미래는 변하지 않고 그대로 유지된다는 것.

아인슈타인도 말하지 않았던가.
"매일 똑같은 일을 반복하면서 다른 내일을 기대하는 것은 미친 짓이다."

나 또한 크게 변화되지 않는 반복되는 삶을 살았었다. 결혼 9년 차, 여덟 살, 여섯 살 아들 둘 엄마. 육아를 해보셨다면 다들 공감하실 테지만 육아는 정말 만만하지가 않다. 그리고 반복의 끝판왕이 아닐까 싶다. 아이 밥 주고 간식 주고 놀아주고 재워주고 씻기고⋯. 중간중간 집안 청소하고 가족 식사 챙겨주고⋯. 육아우울증이라는 말이 있을 정도니 말이다. 얼마 전 TV 프로그램에서 외국 대학 교수가 하루 동안 육아를 한 후

MC가 물었다. "육아하실래요? 논문 쓰실래요?" 대학 교수는 이야기했다. "논문 10개도 쓸 수 있어요."

아이를 키운다는 것은 육아로 끝나는 것이 아니다. 아이가 자라면서 그 나이에 맞는 알맞은 피드백을 해줘야 하기 때문에 끝이 없다.

요즘 상담하다 보면 코로나 시대로 비대면 수업이 늘어나면서 학교에 가지 않는 아이들이 많다. 그렇다 보니 집에서 아이들을 돌봐주기 위해 어쩔 수 없이 일을 그만두는 엄마들도 많이 보게 된다.

첫째 아이 임신해서도 학원에서 아이들을 가르쳤다. 그러다가 첫째 아이를 낳고 둘째 아이를 낳고 3년 정도 육아만 했다. 남편도 때마침 1년 정도 일을 쉬며 함께 육아를 하게 되어 나는 육아가 힘들지 않고 행복한 기억이 많다. 그럼에도 답답한 건 어쩔 수 없었다. 매일매일이 반복이었다. 그리고 제일 중요한 건 나라는 존재가 점점 사라지는 듯한 존재의 상실감이었다.

꾸준히 일을 계속 해왔기 때문에 육아를 하면서 쉬는 동안 1년 정도는 좋았다. 맘껏 놀 수 있어서 자유로웠다. 늦잠도 자고 늦게까지 야식도 먹고 영화도 보고 주말에는 지인들 만나며 놀러 다니고.

그런데 2년, 3년 반복될수록 다시 일이 하고 싶어졌다. 남편은 내가 내조해주기를 원했다. 퇴근하고 집에 들어오면 맛있는 밥과 깨끗한 집이 기다리고 있기를, 그리고 아이들을 잘 키우는 엄마이길 바라는 걸 나는 알고 있었다. 하지만 남편은 그런 자기의 마음을 표현하기보다는 내가 원하는 일을 하도록 늘 도와주었다. 그래서 항상 고맙다.

둘째가 돌 무렵, 공부방을 시작했다. 4세, 2세의 아이들을 보면서 공부방을 하기란 쉬운 일은 아니었다. 하루하루가 정신이 없었다. 다행히 엄마께서 집에 함께 살면서 1년 반 정도 나를 도와주셨다. 엄마의 도움이 없었다면 힘들었을 것이다.

공부방을 하면서 입소문도 잘나고 아이들도 좋아했다. 대기자들도 많이 생겼다. 좀 더 크게 학원을 운영해보고 싶어졌다. 그때 코로나19가 왔다. 이때다 싶어 잠시 쉬어가고 싶었다. 쉬면서 학원을 준비하려고 했다. 그러다가 오랜 시간 학원일만 했던 나는 다른 것도 배우고 싶어졌다.

그때 우연히 〈한책협〉을 알게 되었고, 운명처럼 김태광 대표님께 끌려서 책쓰기 1일 특강을 시작으로 책을 쓰게 되었다.

두 권의 공동 저서가 세상에 나왔다. 그리고 드디어 나의 개인 저서『수학을 잘할 수밖에 없는 수학 공부법』이 2021년 8월에 세상에 나오게 되었다.

책을 쓰는 과정에서 15년 넘는 시간 동안 수학 강사로 살아온 내 인생과 더불어 어렸을 적 나의 모습까지 되돌아보게 되었다. 과거의 나는 어떤 아이였던가. 어쩌다가 수학을 좋아하게 되었지? 처음엔 막막하고 잘 기억이 나지 않았다. 평소 과거를 잘 회상하는 스타일도 아니라서 그런 듯하다. 과거보다는 현재, 현재보다는 미래에 집중하며 살았었다. 아픔이 있어도 슬퍼하기보다는 슬퍼할 시간에 해결 방안을 찾아보고 훌훌 털어내기에 바빴다. 9년 전 아빠가 돌아가셨을 때도 그랬었다. 나의 아픔보다는 장녀로서 주변을 더 신경 썼었다. 그래도 기억을 더듬고 사진들을 보다 보니 어린 이샛별의 모습들이 떠올랐다. 수줍음 많던 아이, 수학을 잘하고 좋아했던 아이, 부모님 말씀 잘 듣던 첫째 딸, 나의 의견보다 남의 의견에 더 귀 기울였던 아이.

세상 사람들 중 과거는 중요하지 않다고 생각하는 사람들이 있다. 현재가 중요하고 미래가 중요하다고 이야기하는 현실주의적인 사람들이 있다. 나 또한 그랬었다. 지금까지 인생을 살아오면서 나의 과거를 깊이 있게 들여다본 건 처음이었다. 책쓰기를 하면서 사례를 찾으려 나의 기억 저 끝자락부터 차근차근 기억을 해나가는 일은 발가벗겨진 듯한 기분이 들게 했다. 하지만 이러한 과정이 있었기에 나는 새 옷을 입을 수 있었다.

우리가 기차를 타고 갈 때 늘 직진으로 가는 것처럼 느껴진다. 하지만 내가 지나온 기찻길을 돌아보면 굽이굽이 휘어져 있음을 볼 수 있다.

내가 뒤를 돌아보기 전까지는 당연히 직진으로 갔다고 생각했지만 뒤를 돌아본 후 나의 생각과 신념만이 모두 정답이 아님을 깨닫게 된다. 나는 바르게 살았다고 생각할 수 있지만 그게 정답이 아닐 수도 있는 것이다. 그렇기에 한 번쯤은 과거를 돌아보길 바란다. 그런데 그냥 과거를 마구 회상하는 것은 반복되는 과거만 곱씹는 꼴밖에 되지 않는다. 별다른 의미가 없다. 그래서 나는 책쓰기를 추천한다. 책을 쓰다 보면 3인칭 관찰자 시점으로 나의 과거를 자연스럽게 관찰할 수 있게 된다. 그러면서 과거의 상처도 치유할 수 있다.

우리가 역사를 제대로 배워야 하는 이유는 해결되지 않은 과거는 미래로 다시 찾아오기 때문이다. 그래서 역사를 제대로 배우고 이해해야 한다. 나 자신의 역사, 과거를 돌아보는 일도 마찬가지이다. 술 마실 때만 한탄하며 바라볼 것이 아니라 정면으로 제대로 바라보고 인지하고 이해해야 한다.

우리가 우울증이나 공황장애로 병원에 가면 제일 먼저 받는 인터뷰는 과거에 대한 것이다. 자라온 환경은 어땠는지, 부모와 형제 관계는 어땠는지, 친구들과의 관계는 어땠는지 등 지금까지의 자신의 과거에 대해 이야기한다. 사실 이것만으로도 사람들은 많은 후련함을 느낀다고 한다.

책쓰기를 하면 나의 과거를 손끝을 통해 타자로 표출함으로써 후련함도 느끼고 또 다른 나의 모습도 발견하게 된다. 그런 나와 꼭 마주하는 경험을 해보시길 바란다.

그동안 나는 인생을 남의 손에 맡기고 남 탓만 하며 살았다

얼마 전 〈프리가이〉라는 영화를 봤다. 게임의 가상 공간이 진짜 인
생인 줄 알고 살았던 주인공. 주인공은 NPC이다. NPC(Non Player
Character)란 게임 안에서 플레이어가 직접 조종할 수 없는 캐릭터를 말
한다. 게임 안에서조차 콘텐츠를 제공하는 도우미 캐릭터이다.

자신이 살고 있는 세상이 게임의 가상 공간임을 알고 혼란스러워한다.
자기가 살고 있는 곳이 진짜가 아니라며 친구에게 하소연한다.

어쩌면 우리도 우리의 인생에서 배경 같은 삶을 살고 있는 게임 속 캐
릭터와 다르지 않다고 생각한다. 반복되는 하루, 일주일, 일 년, 그 속에
서 소소하게 행복을 찾으며 만족감을 느끼는 삶.

이제는 현실을 인지하고 인생의 주인공의 삶을 살아갈 때이다. 언제까지 남의 인생의 배경만 할 수는 없다.

세상에서 가장 애매하고 우매한 대답. "아무거나."

결정장애, 선택장애. (결정장애: 선택을 해야 하는 상황에서 쉽게 결정을 내리지 못하는 성격을 표현하는 신조어) 요즘 이런 말 뒤에 숨어 자신의 선택을 남의 손에 맡기는 사람들이 있다.

나 또한 그래 왔다.

"우리 점심 뭐 먹을까?"

"아무거나 먹자~"

옷가게에서 옷을 고를 때에도 주변에 물어본다.

"이 옷 어때? 나한테 어울려?"

나한테 어울리든 어울리지 않든 내 마음에 들어온 옷이 있을 테고 그날 먹고 싶은 점심 메뉴가 있을 텐데 굳이 먹고 싶지는 않아도 더 당기는 메뉴가 있을 텐데 남의 손에 선택권을 넘긴다. 선택권을 넘긴다는 건 책임권까지 같이 넘기는 것이기 때문에 더 편할 수 있지만 점점 나는 없어진다.

물리적으로 그 사람의 선택권을 뺏는 것 말고 위의 사례들처럼 사소한 선택들을 남의 손에 맡기는 사람들이 많다.

간단한 선택을 맡기는 것보다 더 위험한 것이 있다. 남의 생각으로 인생을 사는 것이다. 쏟아지는 정보와 쏟아지는 멘토들. 유튜브며 인터넷을 들어가면 여러 가지 교육들과 콘텐츠들이 있다. 순간 혹하는 문구들로 배움에는 끝이 없음을 강조하며 수강을 유도한다.

이 강사가 유명하다 그래서 이 강의 듣고, 저 강사가 유명하다 그래서 저 강의 듣고, 동기부여가 부족한 것 같아서 또 강의를 듣는다. 그리고 그 강사들에게 물어본다. "어떻게 하면 되죠?" 나의 머릿속은 누구의 생각인 것인가?

이렇게 요즘 사람들은 생각까지 남의 손에 맡기고 있는 것이다.

이렇게 남의 생각들이 쌓이면서 내 생각은 저 밑에 처박혀 있게 된다. 중요한 사실은 그렇다고 나의 생각이 없어지는 것은 아니다. 다시 정신을 차리고 나의 생각 속으로 헤치고 들어가서 내가 진정 원하는 것이 무엇인지 나의 생각을 꺼내오면 된다.

아이들을 가르치고 더불어 부모님들과 상담하다 보면 여러 유형의 학부모님들을 만나게 된다.

독재자형, 코치형, 잔소리형, 자유방임형 등. 이 중에서도 아이들을 과잉보호하는 캥거루 맘이나 헬리콥터 맘, 잔디깎이 맘을 들어본 적이 있는가?

캥거루 맘은 캥거루처럼 자식을 곁에 두고 조종하며 무엇이든지 다 해주려는 엄마를 말한다.

헬리콥터 맘은 마치 착륙 지점 주변을 맴도는 헬리콥터처럼 거센 치맛바람을 일으키며 자녀의 삶에 끊임없이 참여하는 부모를 지칭한다. 잔디 깎이 맘은 애들 앞에 놓인 장애물을 대신 치워주는 엄마를 일컫는 말이다.

아이를 많이 사랑하고 세심하게 돌보는 것이 무슨 문제일까 싶지만, 아이를 지나치게 배려하는 '과잉보호'는 여러 문제를 낳는다. 부모가 모든 결정을 대신 해줘 실패할 기회를 얻지 못한 아이는 성인이 되어서도 마음은 유년 시절에 머무르게 된다.

아이가 처음 태어났을 때는 아무것도 할 수 없기 때문에 부모의 도움이 필요하다. 하지만 몸도 마음도 자라면서 아이는 혼자 할 수 있는 일들이 점점 많아진다. 이때 부모가 중요한 의사결정은 물론이고 사소한 일까지 처리해준다면 아이는 의존적인 성격을 갖게 된다.

성인이 되어서도 "엄마, 나 어느 직장이 더 좋을까요?", "엄마, 결혼은 이때쯤 하는 게 좋겠죠?" 등의 물음들을 던지며 도움을 요청할 것이다. 아이를 과잉보호하는 부모는 아이에게 어떤 능력이 있는지 잘 알지 못한다. 흔히 위험한 놀이 등은 허용하지 않는다. 아이가 다칠 수 있는 가능성과 실수를 미리 막는 것이다. 부모의 전폭적인 도움을 받으면 당장은 좋은 결과를 얻을 수 있다. 하지만 사회에 나가면 다양한 문제와 맞닥뜨리게 된다. 그럴 때 적절한 좌절을 겪으며 극복한 경험이 없는 아이들은 조금만 힘든 상황에 직면해도 금세 자신감을 잃고 무력감에 빠진다. 평가받거나 구체적으로 주어진 일은 훌륭하게 해낼지 모르지만, 새로운 일에는 자기 주도적으로 도전하지 못한다. 또한 자신이 원하는 것을 항상 부모가 채워주었기 때문에 참을성이 부족해진다. 늘 먼저 나서서 개입하면 아이 스스로 문제를 해결할 기회는 사라져버리게 되는 것이다.

크게 위험하거나 남에게 피해를 주는 행동이 아니라면 행동을 허락해줄 필요가 있다. 때로는 넘어져 다치고 피가 날지도 모른다. 하지만 언제나 아이의 꽁무니를 쫓아다니며 케어해줄 수는 없다. 어느 정도의 거리를 두고 문제를 스스로 해결할 수 있도록 돕고 아이의 선택과 행동을 인내심을 갖고 지켜봐야 아이는 몸도 마음도 건강하게 자란다.

첫딸, 첫손녀인 나는 사랑을 듬뿍 받고 자라왔다. 엄마께서는 없는 살림에 예쁜 옷을 사서 입히고 심지어 만들어서까지 입히셨다. 교육적으로도 부족함 없이 다 해주시려고 하셨다. 나는 크게 부족함 없이 컸다. 더불어 엄마에게 의존성도 커졌다. 나의 의견보다는 엄마가 하라는 대로 하는 일이 많았다. 성인이 되어도 마찬가지였다. 크게 문제가 되지 않는다면 부모님의 말에 순종적인 딸이었다. 부모님의 의견이나 주변의 의견에 귀 기울이는 나의 모습을 발견하게 되었다. 그렇게 나는 나의 생각과 감정보다 주변의 말에 귀 기울이는 사람으로 자란 것이다.

어려서부터 부모님께서 하나부터 열까지 다 해주던 아이는 성인이 된 후에 본인에게 돌아온 선택권을 사용하지 못하고 또 주변에 넘기게 된다.

책쓰기를 하면서 남들과 똑같이 살아가는 삶이 아니라 나만의 삶을 살아야겠다고 다짐했다. 남들이 다른 사람들의 시선 때문에 못하는 것들을 나의 방식으로 눈치 보지 않고 후회 없이 하는 것이 성공자의 방식이라는 것을 배웠기 때문이다.

책을 쓴다는 것은 오늘보다 더 나은 내일을 꿈꾸며 나를 계속해서 바꿔나가는 행위이다. 현재의 내 모습은 과거의 모든 나의 결정과 행동과 환경의 결과물이다. 나는 책을 쓰면서 꿈꾸는 미래를 향해 바뀌어가고 있다. 그리고 모든 일에 당당해지고 강해지고 있다. 누가 뭐래도 흔들리지 않고 지금의 길을 갈 것이다.

보통 사람들이 성공하거나 부자가 되기 힘든 이유

"성공하려면 자신의 에너지를 높여라. 그러면 자연히 사람들이 당신에게 끌릴 것이다."

–작가 스튜어트 와일드

"속도가 중요하다. 많은 결정과 행동은 되돌릴 수 있기에 대단한 연구가 필요치 않다. 내일 다 수정할 수 있다."

–제프 베이조스 아마존 회장

대부분의 사람들은 성공하기를 바라고 부자가 되기를 바란다. 본인이

하는 일이 있다면 그 분야의 최고가 되기를 바랄 것이다. 자본주의 시대를 살면서 자본주의가 낳은 돈, 명예, 권력들의 달콤한 유혹들은 뿌리치기가 힘들다. 20대의 젊은 사람들은 욜로, 비혼 등을 외친다.

이들 사이에서 이러한 것들을 외면이라도 하듯이 반대의 행동을 하는 사람들도 있다. 물건이 넘쳐나고 풍요로운 이 시대에 맥시멀 라이프는 빈 공간이 없어 여유가 없고 생각할 공간과 머무를 에너지가 없다며 미니멀 라이프를 외친다. 가방이나 옷도 최소한의 개수로 공간을 비워놓는다. 사람들은 저마다의 주어진 삶에 만족하며 살려고 노력한다.

그런데 조금 솔직해져 볼까 한다.

샤넬 가방도 없는 것보다는 있는 게 좋을 것이고 있다면 한 개보다는 10개 있는 게 좋을 것이다.

차도 국산차보다는 외제차로 1대보다는 2대, 3대 있는 게 좋을 것이다. 집도 한 채보다는 10채 정도 강남, 하와이 등에 있는 게 좋을 것이다.

생각만 해봐도 좋지 않은가?

하지만 사람들은 너무 허망한 꿈을 꾸느니 현실에 안주하며 현실에 만족하며 현실의 작은 소소한 것에서 행복을 느끼려고(소확행) 한다.

사람의 삶에서 옳고 그름은 없다. 하지만 나는 이런 삶을 사는 사람들을 보면 안타까울 뿐이다. 왜냐하면 나 또한 이러한 삶을 살았었기 때문이다.

'굳이 명품 가방이 왜 필요해?'

'차는 한 대만 있으면 되지? 두 대씩이나 필요해?'

'겨울에 입을 패딩은 하나만 있으면 돼. 보관할 곳도 없고.'

그러다가 신혼여행을 가면 명품 가방 하나씩은 산다는 남들 이야기에
나도 면세점에서 처음으로 명품 가방을 샀다. 없을 때는 몰랐지만 가져
보니 좋았다. 없는 것보다 좋았고 메고 다니지 않아도 명품을 샀던 경험
이 나를 많이 바꿔놨다. 다음번 해외여행을 갈 때도 나는 명품 가방을 샀
다.

또 한번은 남편의 사업이 잘되었다. 차도 바꿀 때가 되어 조금 무리이
긴 했지만 '이왕 타는 것 좋은 차 한번 타보자!'는 마음으로 벤츠를 샀다.

외제차는 승차감보다 하차감이라고 하던가. 좋았다. 물론 남편이 주로
타고 다닌다. 나는 국산차를 타고 다닌다. 그래도 우리도 이런 차를 타고
다닌다는 것이 좋았다.

이러한 이야기들이 자랑처럼 들릴까?

어렸을 때 우리 집은 넉넉한 가정환경이 아니었다.

환경적으로 갖고 싶은 것을 말할 수 있는 환경도 아니었거니와 갖고
싶은 게 있다 한들 사달라고 조르는 성격도 못 되었다. 그냥 없으면 없는

대로, 있으면 있는 대로 생활했었다.

이러한 환경이, 이러한 마음들이 차곡차곡 쌓였었다. '나는 비싼 옷을 별로 안 좋아하니까, 비싼 신발을 별로 안 좋아하니까.'라는 생각들로 합리화했다.

그런데 우연히 경험하게 된 이런 풍요로운 경험들이 나를 점점 더 풍요롭게 만들었다.

무조건 비싼 것만을 추구하라고 이야기하는 것이 아니다. 나의 느낌에 집중해보라고 말해주고 싶다. 내가 진정 원하는 것이 무엇인지.

예를 들어 길을 지나가다가 쇼윈도에 눈에 띄는 하얀 원피스를 보고 끌려 옷가게에 들어간다. 들어가 보니 같은 디자인의 검은색 원피스가 있다. 고민을 한다. 검은색 원피스가 무난하고 더 자주 입고 뭐가 묻어도 티도 덜 나고 날씬해 보이기도 하고 여러 가지의 가성비를 찾는다. 그리고 결국 검은색 원피스를 손에 들고 나온다.

나의 느낌은 하얀색 원피스였는데 선택은 검은색 원피스가 되어버렸다. 가성비가 나의 느낌보다 중요할까? 가성비보다는 느낌에 집중하는 삶을 살아보길 권한다.

우리는 가성비라는 단어 앞에서 많은 것들을 포기하며 양보하며 살아갈 때가 많다. 어떤 것이든 그만큼의 값어치를 하기 마련이다. 가치를 볼 줄 아는 눈을 가져야 한다.

나는 사회생활을 하며 돈을 벌면서도 풍요롭지 않을 때가 더 많았다. 하지만 나는 늘 이렇게 생각했다.

'돈이야 있다가도 없고 없다가도 있는 거야. 그리고 나는 당연히 부자야.'라고 생각했었다. 지금도 이 생각은 마찬가지이다. 그래서 그런가 나는 돈을 쓰면서 항상 부족함이 없이 써왔었다. 많은 돈을 벌어서가 아니다. 돈이 필요할 때면 어디선가 그만큼의 돈이 생기곤 했다. 그리고 돈은 지금보다 더 잘 벌수 있을 것이라는 당연한 생각이 있었다.

그리고 나는 점점 부자가 되고 있다.

나는 사람들에게 말해주고 싶다. 풍요로운 경험이 있어야 부자가 될 수 있다고.

부자가 되기 힘든 이유 2가지 중 부자의 경험에 대해 이야기했다. 또 하나는 실행력이다.

계획, 시간 관리, 자기 통제. 이것들을 아우르는 단어 실행 능력.

계획이 서면 시간을 할애하고 자기 통제를 해나가는 지속적인 실행 능력이야말로 성공과 혁신의 지름길이다. 여기서 중요한 것은 불완전한 상태나 계획이더라도 바로 실행하는 습관을 들여야 한다는 것이다. 실행 과정에서 오는 오류나 실수들을 계속 수정해나가고 바로잡아 나간다. 이러한 것들이 우등생이나 혁신가들에게서 찾아볼 수 있는 모습이라고 한다. 요약하자면 작은 목표부터 지금 당장 실행하는, 이른바 시작하는 힘을 습관들이는 게 가장 중요하다.

나도 실행력이 빠른 편이 아니다. 우선 시작하기보다는 완벽하게 하고 싶은 마음이 더 크다. 그렇다 보니 모든 조건이 갖춰진 상태에서 시작하려고 시간이 걸리고 완벽하려고 마음의 준비를 하느라 시간이 또 걸린다. 결국 결과는 좋을지언정 느렸다. 알지만 고치기는 쉽지 않았다. 그러던 중 하브 에커의 『백만장자 시크릿』이라는 책을 보게 되었다.
"부자와 가난한 사람의 차이는 부자가 두려움에도 불구하고 행동을 시작하는 반면 가난한 사람은 두려움 때문에 행동하지 못하는 데 있다." 그 책에 나오는 내용이다.

마음에 콕 박혔다. 나에게 하는 말 같았다. 어쩌면 완벽하지 못하다는 남들의 평가가 두려웠던 것 같다. 하지만 지금은 달라졌다.
책을 쓰는 과정에서 나는 참 많이 변했다. 원고를 집필하는 과정에서 지나간 시간을 돌아보며 생각과 감정이 정리되었다. 책을 쓴다는 일이 쉽지만은 않았지만 포기하지 않고 나의 책을 3개월 만에 써냈다는 성취감은 자존감을 높여주었다. 한 꼭지 한 꼭지 쓸 때마다 성취감과 만족감이 계단처럼 스텝스텝 올라갔다. 무엇이든 할 수 있다는 자신감을 주었다. 이 자신감으로 나의 실행력, 행동력은 점점 빨라지고 있다. 그렇게 나는 부자가 되어가고 있다.

사람들에게 인정받고 보다 빨리 성공할 수 있는 비결

15년이 넘는 시간 동안 아이들에게 수학을 가르쳐왔다. 나는 아이들을 좋아하고 수학을 좋아한다. 그래서 나에게 딱 맞는 직업이라 생각하며 직업이라는 생각보다는 사명감을 갖고 아이들을 가르쳤다.

공부방도 하고 학원 강의도 하지만 어느 순간 제자리라는 생각이 들었다. 아이들이 수학을 잘하게 되고 그런 아이들의 성장을 봐오면서 뿌듯함을 느끼지만 매번 반복되는 날들.

나에겐 변화가 필요했다. 운명처럼 〈한책협〉 김태광 대표님을 만나게 되었다. 당연히 책은 읽는 것만이라고 생각하고 읽을 줄만 알았다. 남들이 지혜라고 써놓은 책들을 읽으며 내 머릿속에 마구 넣기 바빴다.

"성공해서 책을 쓰는 것이 아니라 책을 써야 성공한다."

'책은 읽는 것이 아닌 쓰는 것이다.'라는 생각의 전환, 내 인생의 전환점을 맞이하게 되었다. 〈한책협〉이라는 이곳에서 나는 많은 것들을 배우게 된다.

사람들에게 인정받고 보다 빨리 성공할 수 있는 비결 3가지를 공유해볼까 한다.

첫 번째는 성공해서 책을 쓰는 것이 아니라 책을 써야 성공한다.

김태광 대표님이 하시는 말씀이다.

〈한책협〉을 만나고 나는 공동 저서로 두 권의 책을 쓰고 2021년 8월 햇살 가득한 어느 날, 나의 개인 저서가 세상에 나왔다. 『수학을 잘할 수밖에 없는 수학 공부법』 저자 이샛별. 그리고 지금 또 공동 저서를 쓰고 있다.

3개월 만에 일어난 일이라서 얼떨떨하지만 나는 작가가 되었다. 내가 좋아하고 자신 있는 수학으로 아이들을 가르치는 것 외에 다른 일을 할수 있다는 것도 〈한책협〉을 통해 알게 되었다. 그리고 지금의 나는 그동안의 노하우들을 가지고 학부모님과 아이들의 컨설팅을 해주고 있다. 아이의 부족한 부분들을 정확하게 파악하고 지금 아이에게 필요한 부분들을 학부모님들과 공유하며 아이들이 수학을 행복하게 즐겁게 할 수 있도록 돕고 있는 것이다.

코로나19로 하루하루가 다르게 급변하는 세상이다. 이 세상 속에서 〈한책협〉은 이전부터 더 빠르게 세상의 변화를 받아들이고 있었다. 오히려 더 앞서 나가 있었다. 너무 신기했다. 이곳에서 나는 세상에 나의 가치를 알리고 선한 영향력을 알리는 법을 단기간에 빠르게 제대로 배울수 있었다.

나는 책을 써서 신분이 상승했다. 책을 읽는 독자에서 책을 쓰는 작가가 되었다. 또한 사인을 받는 사람에서 사인을 해주는 사람이 되었다. 저자 강연에 참석하는 사람에서 저자 강연회를 하는 작가가 되었다. 책쓰기로 나는 수학 전문가가 되었고 자존감도 높아졌다. 나는 책쓰기로 당당하게 사는 방법을 배웠다. 나는 책을 써서 작가, 강연가, 코치, 동기부여가로 바쁘게 살아가고 있다. 수학 교육 전문가로 백화점, 문화센터 등에서 부모 교육 강의 요청이 끊임없이 들어오고 있다. 이제는 매일 바쁜 스케줄을 관리해야 하는 입장이 되었다.

두 번째는 나를 알리는 퍼스널 브랜딩이다.

퍼스널 브랜딩은 자신을 브랜드화하여 특정 분야에 대해서 먼저 자신을 떠올릴 수 있도록 만드는 것이다. 그러기 위해서는 1인 창업가가 되어야 한다.

나는 불과 6개월 정도 전까지만 하더라도 나를 드러낼 줄 몰랐다. 6개월 전 〈한책협〉을 만나면서 책쓰는 건 물론 1인 창업가 준비를 함께 하였다.

블로그, 인스타그램, 카페 운영, 유튜브까지 나를 드러내고 알리기 시작했다. 처음에는 손에 익지도 않을 뿐만 아니라 너무 어색했다. 어릴 적 그 흔한 싸이월드도 해본 적이 없었다. 기계치 수준의 나는 하나하나 배웠다. 처음에 제일 어려웠던 부분은 사진 찍기였다. 블로그나 인스타그램, 카페 등에는 사진이 필요하다. 그렇기 때문에 순간순간 사진들을 잘 남겨야 한다. 그런데 아직 익숙하지 않은 나는 다 먹고 나서 사진 생각이 나고, 즐거웠던 순간들이 다 지나서야 사진 찍었어야 하는데 하는 생각이 났다.

예전에는 "좋은 순간들은 사진에 남기지 말고 눈에 담아 가슴에 남길 거야."라고 말했었다. 그런데 어느 순간 이런 생각이 들었다.

분명 그 순간에 기쁘고 슬펐던 일들도 지나고 나면 그때 내가 어떤 감정이었는지 어떤 마음인지 기억이 나지 않는다. 더군다나 나이가 들수록 해야 할 역할이 많아지기 때문에 예전보다 더 잘 잊힌다. 그때의 순간들을 사진과 내 생각이나 감정들을 담은 글로 남기지 않으면 나의 과거가 물거품처럼 사라지는 것 같았다. 처음에 나의 생각들을 글로 남기는 일들이 어색했었다. 뭔가 내가 발가벗겨지는 듯한 기분이었다. 사람들이 어떤 반응을 할까? 걱정되고 두려웠던 것이다. 하지만 이내 생각을 바꾼다. 모든 사람들을 만족시킬 수는 없다. 나의 신념이 정답이다.

생각을 바꾸니 순간순간을 기록하는 일도 즐거워졌다. 그렇게 나는 나의 삶을 기록하며 1인 창업가로서 퍼스널 브랜딩을 하고 있다.

셋째는 의식 성장 공부이다.

의식 성장, 의식 공부라고 하면 '무슨 종교를 이야기하는 건가?' 하실 것이다. 쉽게 말하면 마인드 공부이다.

〈한책협〉이라는 공간에서 책쓰기만 배웠다면 나는 이렇게 크게 성장하지 못했을 것이다.

나는 〈한책협〉을 통해 김태광 대표님을 알게 되었다. 더불어 네빌 고다

드의『상상의 힘』, 웨인 다이어의『확신의 힘』, 하브 에커의『백만장자 시크릿』, 엠제이 드마코의『부의 추월차선』, 조셉 머피의『잠재의식의 힘』, 고이케 히로시의『2억 빚을 진 내가 뒤늦게 알게 된 소~오름 돋는 우주의 법칙』등의 책들을 읽게 되었다.

나는 책을 고를 때면 성공학, 자기계발서 종류의 책을 좋아해서 베스트셀러 코너에 가거나 내가 좋아하는 작가의 책을 주로 읽었다. 남들이 다 읽는 그런 책들이 좋은 책이라 생각하고 나에게도 좋은 영향이 있을 것이라 생각하며 읽었다. 그런데 세상에는 내가 모르는 세계가 있었다. 내가 몰랐던 책들도 많이 있었다. 부자의 세계, 성공자의 세계를 들여다보니 그들이 읽는 책은 따로 있다는 것을 알게 되었다. 이러한 책을 시작으로 나는 의식에 관한 책들에 빠져 있다.

"마음이 곧 부처다."라는 말도 있다. 어떤 일이든 나의 마음가짐에 달린 것이다. 마음으로 깨달아야 하는 것이다. 나는 아직 의식을 이야기하기에는 많이 부족하다. 하지만 걸어야 할 길을 알고 걷는 것은 세상을 보는 눈을 달라지게 했다.

삶이 풍성해졌다. 평범하고 재미없고 늘 그날이 그날 같은 일상이었다. 물론 사랑하는 남편, 아들이 있어서 행복하고 기쁜 건 맞다. 하지만 나 스스로 만족감이 들었던 하루가 별로 없었다. 늘 정신없고 집안은 늘 엉망이고 하는 일은 똑같은데 정신없고 바쁜 일상의 반복이었다. 하지만 책을 쓰고부터는 사소한 일상이지만 그 안에서 사례들을 찾고 머릿속에서 상상의 글쓰기를 먼저 하며 내 안에 행복감이 차오르는 경험을 해보니 다양한 감정들이 나에게 풍요로움을 느끼게 해주었다. 그리고 내성적이고 나의 마음을 잘 표현하지 않고 살아왔던 나는 나의 감정을 표현하는 일에 무딘 사람이다. 하지만 책을 쓸 때는 자유로운 영혼이 되어 훨훨 날아다니는 기분이 들었다. 그리고 말보다 글을 쓰며 나의 생각이나 느낌을 이야기하니 편하고 자유로웠다.

그리고 책을 쓰면서 사명이 생기고 비전이 생겼다. 글을 왜 써야 하는지 글을 쓰면서 그 목적이 더 분명해졌고 그래서 더 열심히 살아야겠다는 생각도 강하게 밀려왔다.

긍정적이고, 문제가 생겨도 내가 커지면서 문제들이 작아지는 경험을 하게 된다. 육아를 하는 나는 나의 마음이 즐겁다 보니 아이들에게도 행복한 영향이 간다. 남편하고의 관계에서도 사사로운 일들로 꼬투리를 잡기보다는 믿고 잔소리를 줄이게 된다.

마음을 편안하고 행복하게 만들면 주변이 행복해진다. 주변이 행복해지면 나는 또 편하게 나의 일을 할 수 있게 된다. 기분 좋게 일했기 때문에 좋은 결과들이 나온다. 선순환인 것이다.

많은 사람들은 자신의 삶에서 갈피를 못 잡고 방황한다. 때로는 누군가 자신의 엔딩을 정해 주었으면 하기도 하고 인생에 수학처럼 명확한 해답이 있으면 좋겠다는 생각도 한다. 그러나 분명한 것은 긍정적이고 감사하는 마음들이 반드시 좋은 결과들을 끌어온다는 것이다. 마지막으로 내가 책을 쓰며 다시 새로운 출발을 할 수 있었던 것처럼, 당신이 원하는 삶의 끝을 향해서 출발할 수 있는 계기를 찾았으면 한다. 진심으로 당신을 응원한다.

인생을 지나가는 사람들에게 더 이상 상처받지 않게 되었다

우리는 태어나면서 죽을 때까지 많은 사람들을 만나며 헤어진다. 나의 선택으로 만나는 경우도 있지만 나의 의지와는 다르게 인연이 이어지는 경우도 많다. 하지만 이 또한 다 계획되어 있다고 나는 생각한다. 쓸모없는 경험과 인연은 없는 것이다.

나는 내성적이고 소심한 아이였다.

어릴 적 우리 아빠는 예의를 중시했다. 어른들을 만나면 인사 잘하고 눈치 있게 행동하고 부모님께 순종하는 아이로 커갔다. 나도 모르게 타인을 의식하는 버릇이 생겼고 타인이 나를 어떻게 보는지에 항상 신경을

쓰고 살았다. 그렇게 자유롭지 못했고 나의 속마음은 유쾌하지 않아도 사람들 앞에서는 항상 기분 좋은 척, 밝은 척하며 살았다.

아이에게 예의를 너무 강조하다 보면 아이의 생각과 감정을 놓칠 수 있다고 한다. TV 프로그램 〈금쪽같은 내 새끼〉에서 오은영 박사님께서 하신 말씀이다.
내가 그랬었다.

친구들과의 관계에서 주도하기보다는 친구들의 의견을 따르는 쪽이 많았다. 말을 하는 쪽보다는 들어주는 쪽이었다. 커가면서 사람들과의 관계에서 크게 변화는 없었다. 배려하는 사람, 나의 선택보다는 내가 조금 불편해도 큰 문제가 아니면 남의 의견을 많이 따르는 사람, 이야기나 고민을 들어주는 사람으로 나는 성장했다.

주어진 일을 열심히 하고 큰 불평 없이 받아들이는 사람. 다른 사람들과 관계가 불편해지는 게 싫어서 '내가 조금 불편하고 말지.'라는 생각을 하는 사람. 좋게 말해 배려심 많고 착한 사람. 안 좋게 말하면 우유부단한 사람.
사람들과의 만남이 있고 난 후에 잠자리에 들 때면 나는 그날 하루의 일을 곱씹는다. 내가 말실수한 건 없었나, 나의 가벼운 농담에 상처받는 사람은 없었나, 불편한 사람은 없었나.

  습관처럼 나는 삶을 그렇게 살았었다. 나보다는 남을 더 중요하게 생각하며 살아온 듯하다. 그리고 더 중요한 건 늘 사람 좋다는 말을 듣다 보니 어느 순간 내 의견을 냈을 때 '애 이기적인 사람이구나.' 하며 바라보는 듯한 눈빛이나 나쁜 사람이라는 말을 들을 용기가 없었던 것 같다.

  점점 더 나는 내가 불편할 정도로 친절하게 변해갔다. 단골 가게에 가면 내가 편해야 하는데 오히려 내가 너무 배려하며 그 사람들의 이야기를 들어주고 의식하는 나머지 너무 피곤했다. 그래서 단골 가게보다 아무도 아는 사람이 없는 가게로 발길을 옮긴다.

  순간 나에게 문제가 있다는 생각을 하게 되었다. 이렇게 불편한 건 나다운 게 아니다. 모든 사람들에게 착할 수는 없다. 나는 나다. 대인관계에서도 내가 좋아하는 몇 명만 만나고 싶어졌다.

  대인과정 이론에서 원가족(출가하거나 입양되기 이전의 원래 가족) 경험을 특히 중요하게 생각한다고 한다. 이유는 습관이 어떤 특질을 형성하기 때문이라고 한다. 예를 들어 어떤 사람은 의존적이고 어떤 사람은 독립적이며 어떤 사람은 순종적이고 어떤 사람은 충돌을 유난히 두려워한다. 이것은 모두 일종의 특질인데, 특질이 강화되면 타인이 자신을 어떻게 대할 것이라는 예측도 강화된다. 누군가에게 자주 의존하는 사람은 기쁨과 굴욕감 사이에서 배회한다. 반면 갈등을 두려워하는 사람은 화를 쉽게 드러내지 못해서 답답함과 무력감에 자주 시달린다. 이런 감정의 기복은 모두 특질이 끌어들인 결과이다.

이론적인 원인도 알았으니 이제 바꿀 차례이다.

책을 쓰면서, 나의 이야기를 쓰면서, 나의 내면에 귀를 기울이면서 나는 나를 점점 알아가게 되었다. 타인의 시선에서 많이 자유로워졌다. 책을 쓰는 기회가 없었다면 나는 백날 책만 읽으며 남들의 이야기에 여전히 귀 기울이며 남들이 정의하는 나의 모습으로 아직도 살고 있었을 것이다.

두 번의 공저 이후 나만의 개인 저서가 나왔을 때, 사실 나는 남들의 평가가 두려웠다. 지금까지 내가 가져온 신념들이 틀린 건 아닌지 걱정이었다. 하지만 그 신념 또한 나라는 것을 알고 모두가 나를 좋아할 수 없다고 생각한 후 마음이 편해졌다.

세상 사람 모두가 나를 좋아할 필요도 이유도 없다. 나는 그냥 나다울 때가 가장 행복하고 그것이 세상을 살아가는 이유인 것이다. 남들의 시선들은 의식하지 말고 그냥 즐기면 된다. 질문의 기준이 남이 아니라 나로 바뀌었다. 사람들을 만났을 때 나의 마음은 어떠한가? 불편하지는 않은가?

그리고 깨달은 것 또 하나.

사람들은 우리가 생각하는 것보다 남들에게 관심이 많지 않다.

얼마 전 KBS2 〈대화의 희열〉이라는 방송을 보게 되었다. 이날 게스트는 유시민 작가였다. 출연자 중에 신지혜 기자가 말을 꺼냈다.

"열심히 공부해 입사했고 전국을 뒤흔드는 기자가 되겠다며 당찬 포부를 가지고 누구보다 열심히 기자 생활을 해왔는데, 그럴수록 하루하루가 조바심이 나고 당장 오늘 해야 되는 일이 있는데 30, 40대에 내가 뭘 해야 할지 모르겠어요."

이야기를 듣고 있던 독일인 방송 연예인 다니엘 린데만은 이렇게 이야기한다.

"인생의 의미가 뭘까? 질문의 답을 잘 못 찾을 땐 어쩌면 질문이 잘못된 것일 수 있어요. 인생의 의미가 뭘까 하고 질문할 것이 아니라 나의 인생에 어떤 의미를 부여할까? 이렇게 질문하는 게 맞는 것 같아요."

리모컨으로 채널을 돌리다가 우연히 보게 된 방송에서 순간 나는 멈칫했다. 뼈 때리는 말을 들었다고 해야 할까?
'내가 내 인생에 어떤 의미를 부여할까?'

이어 신지혜 기자는 이야기했다.

"삶의 의미는 누군가가 이름 붙여주는 게 아니라 내가 스스로 의미를 부여해야겠구나. 그런데 굉장히 많은 순간에 제3자가 내 인생에 저 사람은 어떤 꼬리표나 이름표를 붙여줄까? 생각을 하게 되면 그때부턴 내가 원하는 삶이 아니라 남이 원하는 삶을 살게 된다."

우리는 누구나 내 안에 작은 거인을 키우고 있다. 단지 밖으로 드러내느냐 드러내지 않느냐의 차이인 것이다. "내가 나의 목소리로 나를 정의하지 않으면 남이 나를 정의한다." 내가 좋아하고 존경하는 권동희 대표님이 하신 말씀이다.

나는 유쾌하다. 장난을 좋아한다. 웃음이 많다. 긍정적이다. 예쁘고 특이한 걸 좋아한다. 쇼핑을 좋아한다. 남의 말을 잘 경청한다. 도전하는 걸 좋아한다. 아이들을 좋아한다. 예의 바르다. 여유롭다. 상상하는 걸 좋아한다. 사랑스럽다. 매력적이다.

나는

…

책쓰기를 통해

계속해서 나다움을 찾아나갈 것이다.

아무도 나에게 관심 없다.

당신이 열여덟 살일 때는,

세상 모든 사람이 당신에 대해서 생각하는 바를 염려한다.

당신이 마흔 살이 되면,

자신에 대해서 누가 무슨 생각을 하든 조금도 개의치 않는다.

당신이 육십 살이 되면,

아무도 당신에 대해서 전혀 괘념치 않았다는 사실을 깨닫게 된다.

– 아멘 박사

06

글을 쓰는 것만으로도 위로가 되니까

첫 경험은 중요하다. 나는 어렸을 때 그렇게 책을 좋아하는 아이도 즐겨 읽는 아이도 아니었다. 그런데 학교 다니면서 글짓기 상을 꾸준히 받았다. 그러다가 초등학교 4학년 때 동시로 최우수상을 받았다. 지금도 어렴풋이 기억이 난다.

고추잠자리

4학년 5반 이샛별

고추잠자리는 고추 먹어서 꼬리가 빨간가?

고추잠자리는 부끄러워서 꼬리가 빨간가?

고추잠자리는 엄마한테 혼이 나서 꼬리가 빨간가?

…

이런 내용이었다.

담임 선생님께서는 상장을 주시며 나에게 이렇게 말씀해주셨다.

"샛별이는 글 쓰는 실력이 뛰어나단다."

어린 나이지만 이전에 상 받았을 때와는 달랐다.

'아, 나는 글을 잘 쓰는 아이구나. 선생님께서 이런 말씀도 해주시고. 나는 글을 잘 쓰는 아이였어.'

11세 때의 이런 자신감은 청소년기를 거쳐 성인이 되면서 나의 생각을 꾸준하게 끄적일 수 있는 사람으로 성장하게 했다. 그리고 내가 책을 쓰기 시작할 때는 '나의 생각을 드디어 책으로 써보는 기회가 왔구나.' 하는 생각과 함께 큰 두려움 없이 도전할 수 있게 해주었다.

우리가 흔히 가볍게 나의 생각을 쓸 수 있는 글이 있다. 바로 일기이다.

어렸을 때 그림일기를 시작으로 생각을 쓰기 시작한다. 방학 땐 의무적으로 일기가 숙제일 때면 30일 치 방학 동안의 밀린 일기를 하루 만에 몰아서 쓰기도 한다.

성인이 된 나는 일 년에 한 권씩 다이어리를 꼭 썼다. 그런데 어느 순간 다이어리는 일기를 쓰는 공간이라기보다는 스케줄을 쓰고 하루 일정을 관리하는 공간이 되어버렸다. 점점 나의 생각을 쓰는 공간은 사라지고 있었다. 쓰는 공간이 사라진다는 것은 생각을 할 시간도 줄어들게 만드는 듯했다. 하루하루 반복되는 삶을 열심히만 달렸다.

사실 책을 쓰면서 의심을 했었다. 그냥 책 한 권 쓰는 건데 이게 나를 위로해준다고?

그냥 믿고 책을 쓰기 시작했다. 나의 개인 저서인 『수학을 잘할 수밖에 없는 수학 공부법』 책은 수학 공부를 잘하는 방법에 대한 내용도 있지만 나의 개인적인 이야기도 많이 담겨져 있다.

책을 쓸 때 김태광 대표님은 말씀하셨다. 본인의 사례를 담아야 한다고, 그래야 진정성이 느껴진다고, 그걸 사람들이 알아준다고.

처음 나의 과거를 들여다봤을 때는 별로 기억나는 것도 쓸 내용도 없었다. 그러다가 점점 내 생각이 정리되었다. 내가 정말 하고 싶은 말이 무엇인지 알게 되었다. 나를 객관화시켜 바라보게 되었다. 제3자의 입장에서 나를 바라볼 수 있게 되었다. 대단했던 일이 별것 아닌 일이 되기도 하고 별것 아닌 일에서 깨달음을 얻기도 했다.

　글을 쓰는 일이 어떤 위로가 되냐고 의구심을 표하거나 현실적으로 너무 힘든데 너무 감성적이라고 말할 수도 있다. 나는 베스트셀러 작가가 아니다. 글을 처음 쓸 때는 책 속에 들어가는 여러 가지 사례들을 나의 경험 속에서 찾아서 쓰게 된다. 어릴 적 과거부터 최근 과거까지. 그렇게 나의 모습들을 하나하나 꼼꼼하게 들여다보다 보면 기억에 잊혀 있던 부분들도 순간 기억이 떠오를 때가 있다. 그러면서 나의 과거의 조각들을 다시 한번 맞춰본다.

　나는 과거에 풍요롭지는 않지만 부족함 없이 자랐다고 생각했다. 하지만 동생과 과거의 이야기를 나누어보다 보니 나의 기억과 동생의 기억은 달랐다. 동생은 가정 형편이 어려웠던 우리 집이 싫었다고 했다. 그렇게 과거를 하나하나 마주하게 된다.

　나처럼 내성적인 사람들이나 말하는 것보다 들어주는 사람들은 자신의 속 깊은 이야기를 꺼내는 일이 쉽지 않다. 늘 남들과의 대화 속에서도 이야기를 들어주는 것이 좋고 편하다. 그러다 보면 나의 이야기는 가벼운 이야기들까지만 꺼내게 된다. 그러면 점점 속 깊은 진짜 나의 속마음의 이야기들은 어느새 마음속 깊이 가라앉고 있다. 그러면서 내 일은 별일이 아니라는 생각을 어느 순간 갖게 된다.

그런데 우리는 알아야 한다. 그 마음속 깊숙이 가라앉은 나의 이야기들은 사라진 것이 아니라는 것을. 이 사라지지 않은 기억들은 어느 순간 나를 툭툭 건드린다.

좋은 기억들이라면 당연히 좋다. 하지만 그렇게 꽁꽁 숨겨놓은 이야기들은 대부분 지우고 싶은 기억들이었을 것이다.

나는 주변 사람들에게 참 사람 좋다, 착하다는 말을 늘 들어왔고 많이 들어왔다. 하지만 내 최측근인 여동생과 남편은 가끔씩 술 한잔씩 할 때 나에게 이야기한다.

"사람들이 이샛별의 실체를 알아야 할 텐데~"

"내 실체가 어때서??"

"남들에게는 천사고 우리한테는 악마~~"

"집에서 새는 바가지 밖에서 새는 거야. 난 밖에서 안 새잖아. 그게 내 진짜 모습인 거야. 두 사람만 나를 그렇게 만드는 거지~!"

말은 이렇게 하고 웃으며 넘어가지만 이럴 때면 나를 돌아보게 된다.

나는 남편과 20세에 만나서 10년의 연애, 8년의 결혼 생활을 합치면 햇수로 19년을 함께하고 있다. 우리는 참 많이도 싸웠다. 싸우고 나면 왜 싸웠는지 그 이유는 어디로 사라지고 상처뿐인 결과만 남는다. 지금은 아이 둘도 낳고 서로에 대해 너무 잘 알기에 싸우는 횟수도 많이 줄고 눈빛 하나, 말투 하나로도 그 사람의 기분을 알 수 있을 정도이다. 그리고 서로 잘 알기 때문에 너무 편하고 좋은 사이이다.

나는 기분이 나빠지면 순간 아무 말도 하고 싶지 않아진다.

"내가 이러이러해서 기분이 나빴던 거야."

라고 이렇게 이야기하면 끝날 일을 꽁하고 있다가 갑자기 폭발하며 싸움이 시작되는 경우가 많았다.

나의 이런 성격은 태생적이라고만 생각했었다. 나의 감정에 중간이 없는 것이다. 이전 같았으면 그냥 그러려니 하고 넘겼을 것이다.

책을 쓰면서 생긴 습관이 있다. 어떠한 일이 일어났을 때는 '왜 그럴까?'라고 질문을 던지는 일이 많아졌다. 의문이 생겼다.

'왜 나는 나의 감정을 잘 이야기하지 못하는 거지?'

그리고 어떻게 하면 변화시킬 수 있을까를 고민하기 시작했다.

우리 부모님은 사이가 좋으셨지만 자주 싸우셨다. 돈 문제가 컸다. 아빠는 술을 좋아하시고 사람을 좋아하셨다. 반면에 엄마는 현실적이고 이성적인 분이시다. 지금 이렇게 커서 부모님을 바라보니 두 분의 가치관이 다르셨던 것 같다. 그러다 보니 싸우는 일이 많았다. 그리고 나는 단 한 번도 두 분이 차분한 이야기로 문제를 해결하고 화해하는 모습을 본 기억이 없다. 늘 이야기 끝은 의견 충돌과 싸움으로 끝이 났었다.

어느 순간 나도 그렇게 하고 있었다. 내 여동생도 그러했다. 감정의 중간이 없었다. 한번 기분이 나빠지면 그대로 토라져서 끝을 보고 만다. 나의 과거를 마주하니 해결책이 보였다. 지금은 의식적으로 고치려고 노력 중이다.

나의 과거를 돌아보지 않았다면 '나는 원래 그런 성격을 갖고 있는 사람이기 때문에 고치기 힘들어.'라는 생각에 이전과 같은 삶을 살았을 것이다.

책을 쓰면서 나는 나를 더 알아가고 때로는 깜짝 놀라기도 하고 때로는 눈물을 흘리며 그렇게 나를 위로하고 있었다. 그리고 나의 감정들은 점점 더 건강해지고 있다. 부정적인 나의 감정들을 꼭꼭 숨기는 것이 아니라 덜어내고 나니 긍정적인 감정들을 담을 공간이 생겼다.

"[마태복음 9:17] 새 포도주를 낡은 가죽 부대에 넣지 아니하나니 그렇게 하면 부대가 터져 포도주도 쏟아지고 부대도 버리게 됨이라. 새 포도주는 새 부대에 넣어야 둘이 다 보전되느니라."

물이 부족했던 팔레스타인 지역에서는 과거 양가죽으로 만든 주머니에 포도주를 넣었다고 한다. 양가죽은 아주 부드럽기에 포도주를 담으면 발효되기 시작하면서 부피가 팽창하게 된다. 새 양가죽 부대의 포도주는 발효하는 만큼 얼마든지 거기에 맞춰서 늘어나기에 좋은 포도주를 만들어낸다. 그러나 헌 가죽 부대는 안에 당분이 묻어 있어서 가죽이 딱딱해진다. 그런 가죽 부대에 새 술을 담으면 발효돼도 부피가 팽창하지 못하여 터져버리고 만다. 그래서 새 포도주는 새 양가죽 주머니에 담아야 좋은 포도주를 만들 수 있다. 그래서 새 포도주는 반드시 새 가죽 부대에 보관해야 한다.

결론은 새로운 내용은 새로운 용기에 넣어야 한다는 것이다.

비우기가 먼저이다.

우리 마음속의 부정적인 감정들을 비우는 일은 현실적으로 쉽지 않다. 전문가를 찾아가 상담을 받는 일도 누군가는 색안경을 끼고 보지 않을까 우려스러워 주저하게 된다. 주변 사람들에게 이야기를 한들 순간의 위로일 뿐 근본적인 해결책을 찾을 수 없다.

그래서 나는 내가 나를 위로하는 가장 좋은 방법으로 글쓰기를 추천한다. 감사일기로 하루를 돌아보는 일도 좋다. 하지만 일기는 나만 아는 결과지만 책은 주변을 변화시키는 결과를 낳는다. 같은 글쓰기를 한다면 일기보다는 책쓰기를 추천하는 이유이다.

책쓰기로 나를 위로하는 시간을 가져보기를 꼭 추천한다.

07

책을 쓸 수 있어 저는 좀 더 용감해졌습니다

당신이 바라거나 믿는 바를 말할 때마다,

그것을 가장 먼저 듣는 사람은 당신이다.

그것은 당신이 가능하다고 믿는 것에 대해

당신과 다른 사람 모두를 향한 메시지다.

스스로에 한계를 두지 마라.

－오프라 윈프리

"성공해서 책을 쓰는 것이 아니라 책을 써야 성공한다."

〈한책협〉 센터에 들어서면 처음으로 마주하게 되는 문구이다. 백 권의 책을 읽은 사람이 아닌 한 권의 책을 쓴 사람들이 성공하고 있다.

　나 또한 책을 쓴다는 것은 〈한책협〉을 만나기 전까지는 상상조차 해본 적이 없었다. 교수님이나 한 분야의 전문가로서 성공한 사람들만 책을 쓰는 줄 알았다. 그런데 아니었다. 지극히 평범한 사람들이 책을 쓰고 있었다. 나만의 특별한 경험들을 책을 통해 사람들에게 알리고 있었다. 충격이었다. 그리고 생각하게 되었다.

　'누구나 책을 쓸 수 있구나. 그럼 나도 써보자!' 세상에는 나만의 지식과 경험 노하우라고 생각했던 것들을 원하는 사람들이 많다. '누가 내 이야기를 듣겠어, 내 주제에 무슨 경험을 나누겠어?' 잘못된 생각이다. 세상에 누구 하나 의미 없는 경험을 하는 사람은 없다. 특별한 목적과 계획으로 경험하는 것이다.

　누구나 글을 써보거나 책을 써보겠다는 생각은 많이 한다. 그러나 그런 생각을 실천에 옮기는 것은 어렵다. 왜냐하면 생각은 보이지 않기 때문에 금방 까먹고 사라져버리기 때문이다. 생각하는 힘은 행동을 이끌게 하고 그 행동으로 능동적인 삶을 살게 된다. 나도 육아와 반복되는 일상에 무기력하던 때가 있었다. 책을 쓰게 되면서 부지런히 움직이고 점점 생각보다 행동을 먼저 하게 되는 삶을 살게 되었다. 능동적인 삶, 주도적인 삶으로 바뀌었다.

　3개월 정도 만에 2권의 공동 저서와 나의 개인 저서를 쓰게 되었다. 표지를 고르고 초고를 완성하고 마지막 작업을 하고 책이 완성되었다. 일주일 정도의 예약 판매의 시간 동안 서평해주시는 분들도 모집하고 그렇게 나의 책은 세상에 나오게 되었다. 두근두근 떨리는 마음을 안고 카카오톡의 프로필 사진을 나의 책으로 바꾸었다. 주변에서 연락이 오기 시작했다.

몇 년 동안 연락이 없던 친구들도 연락을 해오고 축하 인사를 해주었다.

나는 책을 쓰는 동안 책만 쓰지 않았다. 〈한책협〉의 1인 창업 과정을 모두 수강했다. 책을 쓰면서 나를 알리는 준비를 함께 한 것이다. 유튜브, 블로그, 카페, 인스타그램 등을 운영하며 나의 콘텐츠들을 하나하나 차곡차곡 쌓아갔다.

SNS는 20대 때건, 30대 때건 잘 하지 않아서 익숙하지 않았다. 하지만 나에게는 해야만 하는 이유였다. 인스타그램에 매일매일 사진과 글을 올리고 블로그와 유튜브도 자주는 아니지만 글과 영상을 올렸다.

어느새 나이도 들어 보이고 퉁퉁 부은 얼굴과 화장도 잘 안 하는 나의 모습을 카메라로 찍는 일은 여간 어색한 일이 아니다.

'하고자 하면 되는 방법만 생각한다.'

요즘엔 앱으로 영상을 찍으면 기가 막히게 잘나온다. 스노우앱이나 뷰티플러스 등의 앱을 추천한다. 핸드폰으로 영상을 찍고 편집을 한다. 그리고 업로드 완료.

  사람의 본능은 자기와 다른 것을 동경하는 마음을 느낀다. 그것이 인간의 본성이라고 한다. 사람이라면 항상 남의 떡이 커 보이고, 남이 나보다 더 행복한 것처럼 느낀다. 인간이기 때문이다.

  자신의 인생과 똑같은 인생을 사는 사람도 없지만 그런 사람의 스토리를 들으면서 감동하는 사람도 없다. 자기와 똑같은 사람의 인생은 흥미도 없고 지혜를 얻으려 하지도 않는다.

  하지만 한 번도 상상해보지 못한 삶을 살았거나 지금 사는 다른 사람들의 스토리를 통해서는 엄청난 감동을 받고 재미와 흥미를 느끼고 삶의 교훈을 얻고 열광한다. 나와는 다르다는 단 1가지 이유만으로 말이다.

  한마디로 나와는 다른 사람이기에 열광하게 되는 것이다. 책쓰기 또한 마찬가지이다. 책쓰기를 하면 세상 많은 사람과는 다른 삶을 산 나의 이야기를 할 수 있다. 그 자체로 매력이 있고 경쟁력이 생긴다. 책쓰기를 하면 인생이 달라지는 이유가 내가 쓴 나의 이야기가 타인에게로 가서 큰 힘과 위로와 교훈이 될 수 있기 때문이다.

  그리고 이제는 과거처럼 정해진 인생길, 대기업 사원이나 의사나 변호사의 삶보다 훨씬 더 다양하고 많은 직업이 생겨나는 시대이다. 이런 새

로운 직업은 과거에 각광받았던 직업보다 훨씬 더 자유롭고 즐거운 삶을
누릴 수 있는 직업들이다.

새로운 형태의 직업과 삶이 넘쳐나는 이 시대에 우리뿐만 아니라 우리
아이들 또한 과거의 공부만 하고 수동적인 공부만 한다면 앞으로 살아가
기 힘들 것이다. 더불어 아이들도 책쓰기를 통해서 창의력과 공감력을
키우고 스스로 생각하고 스스로 창조하는 힘을 길러주면 좋다. 그래서
우리 아이들이 인생에서 활기를 얻고 의미를 찾고 즐거움을 누리는 삶을
살기를 원한다.

더불어 1가지 더 팁을 드리자면,
지금의 시대는 우뇌 중심의 감성과 창조력과 공감력이 중요시되는 시
대이다. AI들이 대체할 수 없는 부분이다.
예술적, 감성적 아름다움을 창조하는 능력, 트렌드와 기회를 감지하는
능력, 훌륭한 스토리를 만들어내는 능력, 언뜻 관계가 없어 보이는 아이
디어들을 결합해 뛰어난 발명품으로 만들어내는 능력 등 인간관계의 미
묘한 감정을 이해하는 사람이 되어야 한다.

이렇게 세상은 변하고 있는데 나는 제자리에만 있을 것인가?
'나는 대단한 사람이다. 나는 내 안에 거인이 있다. 나는 무한한 능력을

가지고 있다.'

나도 이러한 생각을 갖게 된 지는 불과 얼마 되지 않는다.

나는 금수저도 아니다. 뛰어난 외모를 가진 것도 아니고 키가 크거나 몸매가 날씬하지도 않다. 언변이 뛰어나 말을 잘하거나 머리가 똑똑하지도 않다.

그동안 나는 나를 낮추고 남들을 배려하기 바빴다. 그 시작은 어디인지 모르겠다. 왜 시작했는지도 모르겠다. 나에게는 늘 착한 사람이라는 꼬리표가 붙어 다녔다. 조금은 이기적인 사람이 되어 볼까 하다가도 오히려 내 마음이 더 불편해지고 괜히 내가 나쁜 사람이 되는 것만 같았다.

그런데 나와 같은 상황을 누구도 불편하지 않게 똑똑하게 풀어가는 사람들을 보게 되었다. 갑질을 하는 모습도 아니고 강자의 모습도 아니었다. 그냥 내면이 튼튼하고 강한 사람 같아 보였다. 나도 그렇게 되고 싶었다. 그래서 지금 한 발 한 발 강해지는 연습도 하고 있다.

너무나 소심한 내가 세상에 이렇게 나를 드러내는 일은 쉽지 않았다. 하지만 지금 해내고 있다. 책쓰기를 시작으로 변화하는 중이다. 이건 나에게만 해당되는 일은 아니리라 생각한다. 이 책을 읽게 된 여러분도 할 수 있다.

08

나를 인정하고 사랑하는 방법을 배웠다

때로는 인생에 닥친 엄청난 고난이 축복으로 바뀌기도 한다.

있는 그대로의 나를 사랑하라.

−루이스 헤이

학원에서 아이들과 이야기를 나누다 보면 자존감이 낮은 아이들이 생각보다 많다. 자존감은 말 그대로 자신을 존중하는 마음의 힘이다.

자존감이 낮은 아이들은 스스로 아무것도 할 수 없다고 생각하게 되고, 쉽게 포기하고 자신이 가진 능력을 다 발휘하지 못한다는 여러 가지 연구 결과도 있다.

자존감이 높아야 한다는 걸 잘 알고 있지만 어떻게 높일 수 있는지, 높일 수는 있는 건지 답답하다.

『수학을 잘할 수밖에 없는 수학 공부법』, 나의 개인 첫 책이다. 이 책에서 아이의 자존감에 대해 이야기한 부분이 있다.

'모소 대나무 이야기'

중국의 동부 지방에 새로 이사 온 장사꾼이 있었다. 그의 눈에는 무엇 하나 신기하지 않은 것이 없었다. 그런데 아무리 보아도 도무지 이해하지 못할 게 하나 있었다. 그 지방 농부들이 대나무를 키우는 방법이었다. 농부들이 심은 대나무는 다른 곳과 달리 제대로 자라지 않았다. 자라기는커녕 작은 싹 하나도 제대로 틔우지를 못했다. 공들여 심어놓아봤자 감감무소식이었던 것이다. 장사꾼이 농부들에게 어째서 그런 대나무를 심는지 물었지만 그들은 빙긋이 웃기만 할 뿐 별다른 설명을 하지 않았다. 한 해가 지나도 대순은 돋지 않았다. 그다음 해도 마찬가지였다. 장사꾼은 그것을 보면서 농부의 어리석음을 탓했다.

대나무 자체에 문제가 있는 것이 분명하다고 생각했다. 4년이 지났지만 대나무는 여전히 순을 내지 않았다. 그러나 농부들은 전혀 신경 쓰지 않고 자신들이 할 일을 계속했다.

그런데 5년째가 되자, 대나무밭에서 갑자기 죽순이 돋기 시작했다. 그것도 헤아릴 수 없을 정도로 한꺼번에 많이. 대나무들은 마치 마술에 걸린 것처럼 하루에 한 자도 넘게 자라기 시작했다.

6주가 채 되기도 전에 15미터 이상이 자라나서 빽빽한 숲을 이룰 정도가 되었다. 농부들은 그제야 칼을 꺼내 들고서 대나무를 베어냈다.

장사꾼은 그 광경을 보고 도무지 믿을 수 없어 한 농부에게 물었다. "자네는 잘 모르겠지만 '모소'라는 이름을 가진 이 대나무는 순을 내기 전에 먼저 뿌리가 땅속으로 멀리 뻗어나간다네. 그리고 일단 순이 돋으면 길게 뻗은 그 뿌리들로부터 엄청난 자양분을 얻게 되어 순식간에 키가 자라는 것일세. 5년이라는 기간은 말하자면 뿌리를 내리는 준비 기간이라고 할 수 있지."

모소 대나무는 심은 지 4년 동안 전혀 자라지 않는다. 5년째 되는 해에 자라기 시작해 6주 만에 15m 이상 자란다.

오랜 기간 동안 자신을 감추고 미래를 준비하고 뿌리를 가꾸면서 때가 되면 힘차게 뻗어나갈 수 있도록 그렇게 놀랍도록 인내하는 것이다.

자신이 흔들림 없이 뻗어나갈 수 있을 때 비로소 자신을 드러낸다. 이것을 퀀텀리프라고 한다. 곁에서 나를 믿어주는 사람이 있을 때 가능성은 자존감과 함께 무한하게 자란다.

다 큰 어른들도 낮은 자존감으로 힘들어하는 사람들이 많다. 자존감이 낮은 어른은 겉만 어른이지 마음에는 어린아이가 있다. 이 어린아이를 잘 달래서 자존감을 조금씩 키워줘야 한다.

어른은 아이처럼 부모가 늘 곁에 있어줄 수가 없다. 부모처럼 나를 객관적으로 봐주는 사람이 필요하다. 모든 사람들의 지문이 다른 것처럼 우리는 서로 성향도 성격도 다르다. 정답이 없는 사람 사이에서 어떤 기준에 맞추려 하지 말고 나에 대해서 객관적으로 아는 것이 중요하다. 나를 객관적으로 모르면 자존감도 높일 수 없다. 그 장치가 나는 책쓰기라고 생각한다.

책의 주제가 정해지고 한 꼭지 한 꼭지 써내려 간다. 이론들만으로는 책을 가득 채울 수 없다. 나의 이야기들이 사례로 들어간다. 그러면서 나는 나의 과거와 마주하게 된다. 처음엔 10년 전 20년 전 과거가 잘 기억이 나지 않는다. 사진도 보고, 주변 사람들과 과거 이야기도 해본다. 과거에 나를 제일 많이 봐왔던 엄마, 동생과 옛날이야기들을 나눈다. 나는 전혀 기억나지 않는 사건들, 같은 일이지만 다르게 기억되는 사건들.

나는 어린 시절 어려운 가정환경이라고 생각해보지 않았었다. 그런데 이렇게 성인이 되고 동생과 이야기를 나눠보니 우리 집은 많이 어려웠었다. 긍정적인 편이고 주어진 것들에 크게 불평이 없던 나는 그 어린 시절에도 그러한 환경을 그냥 받아들였던 것이었다. 나의 과거로 깊게 깊게 들어가다 보면 눈물이 왈칵 쏟아질 때도 있다. 그럴 땐 그만할까? 생각도 해보지만 다시 과거의 나와 마주한다. 해결되지 않은 과거는 미래로 다시 찾아온다는 걸 안다. 같은 실수를 반복하지 않기 위해서다.

책을 쓰고 책이 나왔다. 3개월 만의 결과물이었다. 신기하고 믿어지지 않고 얼떨떨했다. 정말 내가 책을 쓴 건가? 내 책이 세상에 나온 게 맞는 건가? 그렇게 나만의 한 권의 책이 세상에 나왔다. 무언가 후련한 느낌이랄까. 마음이 많이 가벼워졌다. 책을 쓰면서 의식에 관한 책들도 틈틈이 봐서 그런지 생각도 많이 바뀌었다. 긍정적이고 내가 인생의 주인공으로 인생을 바라보게 되었다. 책쓰기의 힘을 새삼 다시 느끼게 되었다. 그런데 세상 사람들은 책을 많이 읽어야 지혜로워지고 무언가 대단한 사람이 될 것이라고 생각한다. 그래서 일 년에 100권, 200권 읽기, 또는 속독하기 등을 하시는 분들이 있다.

잘못됐다고 이야기하는 것은 아니다.
다만, 독서 그 자체는 인생을 달라지게 하지 않지만 책쓰기는 그 자체로 인생을 바꾼다. 책만 읽는 것은 인생을 절대 달라지게 하지 않는다는 것이다. 책을 많이 읽었다고 자격증이 나오는 것도 아니고 그저 지혜를 쌓는다는 자기만족이다.
하지만 책을 쓰면 결과가 있다. 첫 번째 책이라는 보이는 결과물이 있다. 둘째는 코로나19 이후의 시대는 과거와 많이 달라졌다. 이제는 남들보다 잘하고 뛰어난 사람, 즉 넘버원에 사람들이 열광하지 않는다. 사람들은 무엇인가를 최고로 잘하는 사람에게 더 이상 열광하지 않으며, 싫증을 느낀다. 이제는 자연스럽지만 독특한 사람, 나보다 반발 앞에 있어서 생생하게 배울 수 있는 사람. 그런 사람들의 이야기에 감성과 이야기가 모두 담겨 있기 때문에 사람들은 넘버원이 아닌 온리원인 사람들을 찾는 것이다.

내가 변해야 나를 둘러싼 세계도 바뀐다.

나는 지금까지 살아오면서 하늘에 무수히 많은 점들을 찍어왔다. 그리고 지금도 찍고 있다. 이 점은 선도 면도 아니고 말 그대로 그냥 점일 뿐이다. 아무런 의미가 없고 의미를 알려고 해도 알 수가 없다.

그러다 책을 쓰고 1인 창업가로서 나를 알리면서 점과 점을 잇는 작업을 하고 있다. 지금은 만들어지는 과정이기 때문에 내가 어떤 모양이 될지는 모른다. 동그라미일지 세모일지 네모일지 별일지. 하지만 점만 백날 찍어봐야 소용이 없다는 걸 알고 있다. 이제는 점과 점을 이어 선을 만들고, 선과 선을 이어 면을 만들고 면과 면을 이어 에펠탑이나 자유의 여신상 같은 멋진 입체 작품을 만들 것이다.

그렇게 나답게 나를 인정하고 계속 사랑할 것이다.

미래가
불안하다면

3장

최경윤

지금 당장
책부터
써라

최경윤

약력 : 개인사업을 꿈꾸면서 현재 비대면으로 손해보험사에서 보험텔레
마케터로 근무하고 있고, 우연한 기회로 전직한 보험TM의 현장에서 연봉
1억 이상을 받고 있는 고수들의 실전 실화를 전하면서 본인도 노력하는 1
인이다.

저서 : 『지금 바로 성공 고수 텔레마케터가 되는 비법』

책쓰기에 대한 관점만 바꾼다면 누구나 작가가 될 수 있다

60세가 된 나의 노후는? 책쓰는 작가?

색색의 물감을 풀어놓은 듯 가을 낙엽이 쌓이기 시작한다. 따끈한 차한 잔을 앞에 두고 콧등으로 미끄러지는 안경을 아무렇지도 않게 가볍게쓸어 올린다. 멋진 〈인생라떼TV〉의 권동희 대표님, 의식성장대학의 권총장님의 권유로 쓰게 된 블루투스 키보드를 쉴 새 없이 두드린다.

어떤 시간들이 활자로 바뀌어가고 있는지 쓰면서도 궁금하다. 스스로의 시간을 써 내려가는 모습이 너무도 멋지고 대견하다. 권 총장님을 뵈었을 당시에는 너무도 낯설고 생경한 '나 드러내기'라는 작업을 통해 내

모습을 거울처럼 들여다보게 되는 방법을 알게 되었다. 그 결과 지금은 책을 쓰면서 한 줄 한 줄 채워지는 활자가 춤을 추듯 종이를 미끄러지는 모습이 아름답게 보인다.

이 모습은 처음 한글을 배우며, 거리의 간판을 읽어내리는 재미를 알게 된 바로 그때부터 꿈꿔온 나의 60세 노후의 모습이다. 어릴 때는 60세, 환갑이면 인생이 마지막 종착지에 다다른 나이로 생각했었다. 물론 지금은 100세 시대라 60세는 청년을 지나 장년으로 들어서는 나이지만, 그때는 그랬다.

책을 쓴다는 것은 더 이상 국문과 출신의 학자만이 할 수 있는 일이 아니며, 사회적 지위가 높아서 그 파급력이 엄청난 로열 패밀리급의 사람들의 전유물이 아니다. 그 높은 곳에 있는 분들은 권리가 아닌 의무로 책을 써야 한다고 생각한다. 출발선이 다른 로열티를 책쓰기를 통해 나누는 현명함이 있어야 하기 때문이다. 그런 특수한 경우를 제외하고는, 책은 누구나 쓸 수 있지만 아무나 쓸 수는 없다. 용기를 내지 못하거나 심하게 망설이기 때문이다. 한 번쯤은 누구나 일기장이나 수첩의 '희망 리스트'에 '작가', 혹은 '책쓰기'가 기록되어 있거나 늘 꿈꾸거나 할 것이다. 많은 버킷리스트가 그렇듯이 이루고 난 후, 이룬 목록을 지우는 기쁨을 누리지 못한 채, 해가 바뀌면 그대로 옮겨 적는 '의식'을 몇 년째 치르기를 습관처럼 한다. 물론 나도 그랬다.

책쓰는 일뿐만 아니라, 누구한테나 주어지는 24시간의 선물을 축제가 아닌, 숙제처럼 살고 있지는 않은가? 숙제는 열심히 하지만 축제는 즐기기는커녕 멋지게 차려입은 축제의 주인공들을 바라보며 부러워하고만 있지는 않은가? 그렇게 바라만 보며 숙제만 하느라 허덕거렸던 나의 24시간이 너무나 안타깝다. 아무리 빨라도 후회는 늦은 것이라 했다. 지금이라도 깨달았다면 바로 펜을 집어 들 일이다. 키보드를 열고 말이다.

어린이 때의 그림책을 필두로 위인전, 세계명작이나 수필 에세이 등 수많은 책들을 읽어 재꼈다. 이해인 수녀님의 시를 읽고는 시를 쓴다고 얼마나 많은 흰 종이를 멋지게 구겨 버렸는지 모른다. 『코스모스』를 읽고는 칼 세이건의 안목과 지식, 혜안이 너무나 부러워 미칠 지경이었다. 영화 〈아마데우스〉의 모차르트를 끔찍이도 존경하면서 질투하던 '살리에리'처럼 말이다.

세상에 나를 드러내지 않으면 나의 존재는 신과 나만이 안다. 물론 그것도 괜찮은 방법이다. 고즈넉한 산사의 수도승이나 가톨릭의 한평생 수행을 서원하고 수행하는 수사신부님들처럼만 살 수 있다면, 그것도 나쁘지는 않다. 그러나 거의 모든 사람들은 얽히고설킨 사회의 그물망 속에서 관계를 맺고 살아간다. 좋든 싫든 그렇다. 스스로의 몸값을 높이기 위해, 인격 고양을 위해, 사회적 지위를 좀 더 높이기 위해 많은 것들을 배우고 쌓아간다. 많은 금전적 지출을 감수하면서 말이다. 우리는 그것을 '자기계발'이라고 부른다. 그렇다면 수많은 대부분의 사람들이 이미 하고 있는 일들이 과연 오롯이 '나'만을 위한 방법일까?

대다수의 사람들과 똑같은 스펙을 가져가는 것은 더 이상 의미가 없다. 그저 조금 덜 외로울 뿐이다. 세상은 그런 거라고, 아무리 노력해도 마음대로 되는 게 아니라면서 서로서로 위로해가면서 말이다.

다른 일들도 마찬가지다. 절실함과 노력의 문제다. 모르는 장소에 처음 방문하게 될 때, 우리는 검색을 통해 길 찾기를 한다. 목적지에 가는 차편을 정하고 시간을 정하고, 그대로 실천하게 된다.

'작가'가 되는 어마어마한 꿈을 꾸면서 아무것도 하지 않은 채, 고작 수첩에, 일기장에 달랑 한 줄만을 적고는 무엇을 기대한다는 것 자체가 말 그대로 '꿈'을 꾸는 것, 그뿐이다.

작가가 되어 책을 쓰고 난 후를 상상해보자!

내 프로필이 가지런히 적혀 있고, 가장 멋진 모습의 내가 표지를 장식한다. 브라이언 트레이시나 나폴레옹 힐이 부럽지 않은 순간이다. 책을 출간한다는 기쁨에 한 자 한 자, 그렇게 종이가 뚫어져라 살폈건만 수십 개의 오타가 어찌할 수 없는 민망함을 안겨주기도 한다. 완벽한 작가를 꿈꿔온 스스로가 살짝 겸손해질 수밖에 없는 일이다. 할 수 없이 2쇄 출판이 얼른 이루어지길 손꼽아 기도하게 되는 순간이기도 하다. 국립중앙

도서관에 100년 동안 보관하는 책들 중, '나의 책'이 줄 서 있는 것이다. 얼마나 근사하고 멋진 일인가! 내 이름이 학교 출석부 외에 그렇게 많이 불린 적이 있었는가? 가족을 제외하고는 제3자에게 이렇게 근사한 작업을 해낸 나의 이름이 불린다는 상상을 해본다면 저절로 미소가 지어진다. 이쯤 되면 '걱정가'들이 슬금슬금 걱정 어린 비평을 쏟아내기 시작할 수도 있다. 하지만 걱정 없다. 그건 그들의 일이고 내 인생을 적어내린 나의 시간첩인 내 책은 외적인 어떤 것에도 굽힐 이유가 없는 것이다. 도리어 많은 사람들이 응원을 해준다. 대견하다고 대단하다고 언제 그런 생각을 했냐고 한다. 직장 다니면서 언제 책을 쓸 시간이 있었냐고 진심 어린 축하를 해주고 응원을 해준다. 사기충천해서 다시 한번 책을 쓰고 싶어질 것이다. 고민은 고민대로, 행복감은 충만함으로 펜을 달리기만 하면 된다.

쓸모없는 경험 쌓느라 지내온 시간들이 아까워 분할 지경이지만, 그것도 나의 일부고 책 속에 녹아들 테니 조금만 안타까워하기로 한다. 〈한책협〉의 김태광 대표님은 24년간 1,355권의 책을 기획 및 집필했다. 거기에 멈추지 않고 1,100명의 작가를 배출했다. 나도 그 작가들 중에 속했다는 자부심이 있다. 최고의 코치에게는 망설임과 걱정이 없다. 결정에 어려움을 느끼는 내가 출판을 하기까지 〈한책협〉의 김태광 대표님의 간결하고 단호한 날을 세운 코칭이 있었다. "멈추지 말고, 즐겁게 하세요!"

세상 사람들은 책을 많이 읽으라고만 했다. 어떤 해는 300권을 읽기도 했었다. 그저 읽으라고만 한다. 배운 대로 많이 읽고 또 읽어댔지만 그게 다였다. 거기서 끝이었다.

이제는 책을 써야 한다. 책을 쓰는 작업은 '나 드러내기'의 총괄판이고 끝판이다. 즉, '브랜딩'하는 데 최고의 작업이라는 뜻이다. 도서관에 가 보면 어마어마한 장서에 놀란다. 수천만 권의 책이 꽂혀 있는 책장이 무척이나 갖고 싶었다. 다 읽어보리라, 다 읽어내리라 결심한 적도 있었다. 이제는 읽기를 멈추고 써야 하는 시대가 왔다. 우리나라 교육열은 세계 1위다. 수십 년째를 고수하는 1위 목록 중 하나다. 그 말인즉, 우리나라 의무 교육인 고등학교만 졸업해도 책을 쓰기에는 차고 넘치는 능력을 이미 구비했다는 말이다. 걱정할 게 하나도 없다는 뜻이다. 〈한책협〉의 김태광 대표님은 그 점을 무척이나 안타깝게 여긴다. 오죽하면 본인의 사명을 적은 목록에 '전 국민 1인 1책쓰기'가 있겠는가? 그걸 보고 깜짝 놀랐다. 진정한 '백만장자 메신저'의 다짐을 본 것이다.

책을 쓰고 난 후, 주변의 반응은 너무나 다양하다. 대부분은 축하하고 응원을 해주고, 일부는 잠재우고 있었던 꿈 하나를 발견한 듯, 질문이 끊이질 않는다. 재미있는 건, '왜 썼냐?'고 묻지 않고, "어떻게 쓰게 됐고 어떻게 썼냐?"라고 묻는 것이다. 그건 바로 쓰기만 하면 된다는 걸 반증한다. 바로 실행하면 되는데 펜을 들 생각을 못 하고 있는 것이고, 펜을 아직 들지 않았다는 것이다. 밥을 먹으려면 수저를 들어야 하는 것과 같은 것이다. 그저 그뿐이다.

지금까지 열심히 책을 읽었으니 되었다. 이제부터는 쓰는 것이다. 쓰기로 마음을 먹는 것이다. 쓰기로 마음을 먹었으니 펜을 들고 시작하면 되는 것이다. 이제 되었다. 근사한 미사여구가 아니더라도 조금 투박하고 조금 틀리고 조금 삐걱거리는 문장이더라도 되었다. 더 예쁘다. 화장을 곱게 하지 않아도 너무나 빛이 나는 '청춘'처럼 말이다. 쓸데없는 걱정은 저기 분리수거봉투에 넣어 다시는 나올 수 없게 꽁꽁 묶어 버려버리자. 그러면 다 된 것이다.

지금은 60세가 인생 2막이라고들 한다. 100세를 넘기시는 분들도 많아 100세 장수하시는 어르신들의 모습이 더 이상 사회적 이슈가 되지 않는다. 그보다는 사회적인 지위에서 물러나 오롯이 갖게 되는 노년의 시간들을 어떻게 꾸려가고 있는지의 모습이 조명을 받는다. 90세 할머니 화가의 전시회, 80세를 넘기신 할아버지의 근육질 몸매를 만든 헬스트레이닝 일기 등….

생물학적인 수명은 점점 길어지고 있다. 일반적인 스펙 쌓기로는 보람찬 노후를 보내기에는 한참 허기가 든다.

스스로를 브랜딩해서 책쓰는 작가가 된다면, 허기가 드는 노년이 될

리가 없다. 도리어 얼마나 바쁘고 얼마나 많은 일들이 종이 위에서 춤추게 될지 생각만 해도 미소가 지어지지 않는가 말이다!

책 읽을 만큼 읽었으니 그만 되었다! 이제는 책을 쓰는 일을 하기로 하자!

책을 쓰는 작가가 되어 멋진 삶을 일구어봐야 하지 않겠는가!

내가 세상의 주인이니 주인의 도리를 해야 하지 않겠는가 말이다. 책을 쓰는 작가로!

내 인생을 쓰는 작가로!

지식과 경험, 노하우는 당신만의 자본이다

10년 후!

2004년에 출간된 번역판 출간본을 말하는 것이 아니다.

누구나 아직 오지 않은 미래의 달콤함과 무지개를 기대한다. 당장 내일은커녕 3초 후 상황도 예측하지 못하는데 말이다.

10대 시절의 나의 희망 리스트는 상당히 형이상학적이었다. 20대 시절의 버킷리스트는 아직도 질풍노도를 겪고 있는 청춘의 고뇌가 그대로 보였다. 30대 시절의 리스트는 상당히 현실화되어 있어서 희망 리스트인지, 부채 상환표인지 구분이 어려울 정도였다. 40대 시절의 버킷리스트는 다시 원점회귀로 10대의 꿈을 찾아가는 듯 보인다. 거의 나의 리스트는 변함없이 항상 한결같았다. 결국, 리스트는 리스트로 남아 제대로 한 줄도 지워내지 못했다. 그럼에도 끊임없이 '10년 후'를 꿈꾸며 궁금해한다.

『10년 후』의 저자는 말한다. 10년 후의 자신의 모습을 상상하라고 한다. 이미 이루어진 모습을 끊임없이 상상하고, 상응하는 노력을 하라고 말한다. 상응하는 노력이 바로, '경험'이고 '노하우'일 것이다.

10년 전의 내 모습은 어떤지 기억이 잘 나지 않는다. 아마 대부분의 사람들이 그럴 것이다. 매일매일 무척 전투적으로 최선을 다해 살아낸 것 같은데 잘 생각이 나질 않는다. 나만 그런 것은 아닐 거라고 스스로 위로를 해본다. 많은 책에서 좋은 방법 1가지를 제시한다.

10년 후, 현재의 내가 '10년 전의 나'에게 조언을 해주는 방법이다. 내게 의논을 해오는 친한 친구나 동생에게 하는 듯이 조언을 하라고 한다. 멋진 방법 중 1가지라고 생각한다.

내가 가진 노하우를 나에게 전해주는 방법이다. 가끔은 60대의 내가 지금의 나한테 과연 무슨 조언을 해줄지 무척 궁금하고 직접 물어보고 싶기도 하다. 지금의 나는 10년 전 나에게 이렇게 말한다. '조금 더 행복해라! 조금 더 기분 좋게 지내라! 좋은 것 귀한 것은 아끼지 말고 써라!'

다시는 돌아올 수 없는, 청춘 시절의 고뇌들로 한 단계 성숙했다. 좌충

우돌하는 시행착오들로 인생 길 찾기의 달인이 되었다. 지나 보면 쓸모없이 시간과 금전적 소비에 그쳤던 많은 스펙 쌓기들이 취사 선택의 기준을 삼는 데 바로미터가 되었다. 청춘을 소비하면서 얻은 깨달음에는 수업료가 많이 들었다. 처음부터 이미 깨달은 상태거나 훨씬 높은 의식 상태였다면 훨씬 빨리, 훨씬 현명하게 나이를 먹어가는 데 큰 도움이 되었을 것이다.

평생 과제인 다이어트는 항상이다시피 요요현상을 결과로, 늘 '내일부터!'라는 결론을 내며 수백 가지의 경험치가 생겼다. 가성비와 가심비를 따지는 습관 탓에 조금이라도 허투루 낭비가 되는 것은 내겐 있을 수가 없는 일이다. 시간을 지나쳐 현금인출기 수수료 500원을 지불하는 일. 조금 늦게 터치하는 바람에 100원을 더 지불하는 버스요금. 웃어넘길 수도 있는 일이지만 나에게는 무척이나 스스로에게 질타를 받을 일을 한 경우가 된다.

운동은 해야 하겠고 돈은 아껴야 하겠고, 고심 끝에 머리를 짜냈는데, 그 일은 바로 '신문배달'이었다. 지금 생각해도 정말 기특하고 기발했다고 스스로를 칭찬한다. 3시에 일어나서 6시까지는 마치는 조건으로 내 구역인 15층의 아파트 네 동을 맡은 것이다. 아파트 입구에 미리 놓아둔 신문을 들고 엘리베이터를 타고 맨 위층으로 가서 1층까지 신문을 넣으면서 뛰어 내려온다. 가끔 복도등이 꺼져 있는 경우에는 계단이 남은 것을 모르고 헛짚어서 발목을 접질리는 경우가 허다했다.

비가 오는 여름날이나 눈이 내리는 겨울엔 신문이 젖기라도 할까 노심초사가 다반사였다. 그렇게 3년 동안을 아르바이트 겸 운동 겸 열심히 뛰어다녔었다. 물론 신문 배달은 내 인생 가장 보기 좋고 날렵한 몸무게를 만드는 다이어트로는 대성공이었다. 떠올릴 때마다 미소를 짓게 하는 내 삶의 한 페이지의 이야기이다. 그렇게 돈을 버는 운동을 한 뒤에는 간단한 식사를 하고, 재수학원과 통역 학원을 다녔다. 아마 번 돈의 대부분을 투자했었던 것 같다. 잘한 일 중의 하나라고 생각하지만, 아쉬움이 남는 시간이다. 어차피 남들과 다른 길을 택했었는데 비슷한 스펙 쌓느라 낭비한 시간이 많았다. 지금의 나라면 그때의 내게, '무조건 책을 쓰고 읽는 독자에서 쓰는 작가로 위치 변경을 해라!'라고 할 것이다.

이런 시간의 궤적들이 활자로 춤을 추면서 소재가 되고, 가르침이 되고, 노하우가 되어 읽는 독자에게 하나라도 감동으로 남게 된다면 더할 나위 없이 기쁠 것이다.

"이것 또한 지나가리라."

지혜의 대명사인 솔로몬 왕의 반지에 새겨 있던 문구라고 한다. 희로애락의 인생사가 이 말 한마디로 정리되는 느낌이다. 어떤 일이 있었길래 "이것 또한 지나가리라."라고 했을까? 정말 무척 궁금하다. 좋은 일도, 그렇지 않은 일들도 시간이 지나면 정도의 차이는 있지만 흐릿해지거나 없어지기도 한다. 시간의 기능 중, 가장 중요한 작용이다. 그렇지 않다면 아마 우리 머릿속 데이터들을 보관하기 위해 구글의 슈퍼컴퓨터보다 몇백 배 큰 도시가 필요할지도 모를 일이다. 그렇게 시간이라는 필터를 통해 걸러지고 농축된 자신만의 데이터들이 차곡차곡 쌓여 지금의 얼굴과 신체와 본인만의 언어 등을 이룬 것이다. 어느 누구의 경험도 귀하지 않은 것이 없다. 귀한 생명으로 태어나 24시간이라는 숙제 같은 축제의 날들을 보내며 차곡차곡 쌓아올린 시간의 탑이길래 한 사람 한 사람의 경험과 지식은 누구의 것이라도 버릴 것 없이 귀한 것이다. 새로운 정보를 대할 때마다 감탄 섞인 말로 "평생 배워야 한다. 다 아는 것 같았는데 또 새롭다!"라고 하지 않는가!

어릴 때, 할아버지가 해주셨던, '해와 달이 된 오누이' 같은 옛날이야기는 어림잡아 3백여 번은 들었지 싶다. 평소엔 과묵하셔서 한마디를 듣기가 어려운 분이셨다. 일 끝나시고 약주 한잔하신 날은, 집안 첫 번째 손녀라고 꿀이 뚝뚝 떨어지는 사랑스러운 음성으로 이름을 부르시며 무릎에 앉히신다. 옛날이야기 해달라고 손녀가 졸라대면 어김없이 호랑이가 나오는 이야기를 정말 다정하게도 해주셨다. 자식들에게는 한 번도 해주신 적이 없었다는 걸 나중에 알고는 참으로 의아했었다. 손녀에게는 한없이 다정하시고 인자하신 할아버지가 자식들에게는 그야말로 호랑이 아버지시라 말 한마디 다정히 하셨던 적이 없으셨던 것이다. 일찍 돌아가신 우리 아빠도 무척이나 과묵하셨던 분이다. 통틀어 들어본 말이 몇 구절이 되지 않는다. 그러셨던 우리 아빠도 아마 할아버지가 되셨다면 나의 할아버지처럼 다정하지 않으셨을까 상상해본다. 술을 드시면, 달라지시는 분들이 간혹 있다. 아니, 평소에 볼 수 없었던 모습을 보여준다는 말이 정확할 것이다. 그 정도가 심해서, 사건을 일으킨다거나 병적인 모습이라면 곤란한 일이다. 약간의 용기를 필요로 하는 일들을 해내는 경우도 있는 걸 보면 지구상에서 아직까지 술이 존재하는 1가지 핑계는 갖고 있는 듯하다. 손녀에게 옛날이야기 해주시는 할아버지는 왜 꼭 음주 후에 해주셨을까? 나중에 한번 여쭤봐야겠다. 술이 아니면 할 수 없을 정도로 그렇게 힘드신 일이었을까? 빠듯한 생활에 그 마음을 표현하기에는 평소에는 너무나 많은 책임감들이 어깨를 눌러 감정의 여유가 미처 손녀에게 닿을 여지가 없었을 거라고 여겨진다. 지금의 젊은 아기 아빠들이 주말만 되면 가족들과 다정하게 지내는 모습들과는 격세지감이다.

그렇게 긴 세월의 격차가 아닌데도 이렇게 다른 점이 있다. 한 가정 안에서도 이렇게 다른데 다른 여러 세대나 수천 가지의 차이를 지닌 인간 세계는 더 말할 나위도 없겠다.

사랑하는 손녀에게 옛날이야기를 해주셨던 할아버지가 드셨던, '한잔의 술'처럼 누구에게나 필요한 것들이 있다. '용기'라고 말할 수도 있겠다. 나의 이야기를 적어가고 말하는 데 필요한 건, 누구하고 비교하고 우월을 따지는 스펙이 아니라, 나의 모습을 당당하게 드러내는 '작은 용기'라고 이야기하고 싶다. 세상에서 스스로를 가장 사랑하고 아끼고 드러내는 당당함이라고 하겠다. 그것만이 필요하다. 나를 가장 잘 아는 내가 나의 시간이 쌓아올린 자산을 당당하고 소중히 여겨서 써내는 위대한 일은 해볼 일이다. 책쓰기는 어떤 스펙 쌓기보다 위대하고 멋진 일이다. 망설이는 것은 이제 그만할 일이다. 24시간이 달려가고 있다. 이 세상 누구와도 꼭 같은 재산인 24시간이 주어졌다. 내가 너무 적게 가졌다고 핑계 댈 수 없는 조건이다.

진정 힘들다면 우리 할아버지가 쓰셨던 '한잔의 술'같은 본인만의 용기를 낼 일이다. 열정이라도 좋고 간절함이라도 좋다. 자신감이라면 더 환영한다.

초겨울이면 어느 집이나 치르는 행사가 있다. 바로, 김장이다.

같은 재료를 쓰지만 100인 100맛이다. 같은 맛을 내는 집이 한집도 없다. 이런 불가사의 한 일이 또 있을까 싶을 만큼 신기하다.

누구에게나 주어진 24시간의 하루가 있다. 같은 시간이지만 똑같은 일을 하는 사람이 한 사람도 없다. 내가 만드는 '나의 하루'를 맛있게 만들어내자.

그리고 자신 있고 당당하게 그 레시피를 내놓자! 책쓰기로!

03

당신이 가장 잘 알고, 잘할 수 있는 것에 투자하라

지금 나는?

'내가 잘하고 있고, 잘할 수 있는 것이 무엇인가?'로 질문을 바꾸어본다. 거의 내가 잘하고 있고 잘할 수 있는 것보다는, 하고 싶었던 일에 집중하면서 시간을 놓친다. 엄청난 시간을 투자해온 일은 거들떠보지도 않은 채, 예전 어느 때의 추억으로 놓쳐버린 것들에 애착을 갖고 방향을 잃어버리기 일쑤다. 나도 그렇다.

한동안 '1만 시간의 법칙'이라는 말이 유행한 적이 있다. 어떤 일의 전문가가 되려면, 1만 시간, 즉 거의 10년이라는 시간이 필요하다는 말이다. 10년을 1가지 일에 매진한다면 전문가가 되어 성공할 수 있다는 긍정적인 희망의 시간이기도 하다. 역설적으로는, 10년을 하고 있는데도 본인이 만족하는 일이 아니라면 자괴감을 가질 수도 있다는 말도 된다.

어쨌든 한동안 자기계발서를 정의하는 말이 되었었다. 할 수 있는 일은 언제든 할 수 있다고 믿는 오류를 범하기 쉽다. 내가 지금 하는 일이 그렇다. 비대면 보험설계사(이하 보험TM)는 지금 현업에서 70세의 노익장을 과시하는 분들이 계시다. 정말 자기 관리의 끝판왕이 아닐 수 없다. 나도 그렇게 하고 싶지만 솔직히 자신은 없다. 통화하며 가끔 음성을 들어보면 아직도 40대에서 50대 초반 같은 활력을 갖고 계신다.

고등학교 교과서에 실렸던, 프로스트의 『가지 않은 길』을 기억하는 분들이 많을 것이다. 용기를 내라고 독려하면서 해보지 않았던 꿈에 도전하는 청춘들을 응원하는 시로 기억한다.

많은 사람들이 걸었던 큰길과 닦인 길보다, 내가 선택한 길을 처음 가보는 것도 해 볼 만하다고 용기를 주어 많은 사람들에게 회자되었고 지금도 많이 인용되고 있다.

전문가의 말이 아니더라도, 어떤 직업을 선택해서 살림을 꾸리고 가정을 이루고 하다 보면 10년은 금방이다. 당시에는 죽을 것처럼 힘든 때도 많았을 테고, 내일에는 때려치울 거라고 지긋지긋해하면서 지낸 시간이 지나보면 거의 10년인 경우가 다반사이다. 그렇게 열심히 살아내고는 기운 빠진 양, 더 이상 아무것도 못 할 것 같다고들 한다. 자신의 잠재력과 지금까지 해온 무시무시한 능력을 무시하고는 다른 사람들의 성과에 환호를 보내는 데 열심이다. 타인을 환호하느라 돌아보지 못한 자신의 성과는 추수 후, 논에 남아 있는 싸라기 취급을 하면서 본인을 불쌍하게 만들기 일쑤다. 그럴 때는 잠깐, 해가 지고 어두워져 내 모습을 비추는 거실 유리창을 바라보기 바란다. 바로 그곳에 자신이 놓쳐버린, 누구보다 열심히 살아온, 환호 받기에 충분한 자신이 있을 것이다.

나는 현재 비대면 보험설계사인 보험텔레마케터이다. 거의 그렇듯이 나도 이 일을 이렇게 오랫동안 할 줄 몰랐다. 너무나 하고 싶어서 지원하고 합격한 일이 아니었기에 지금도 신기하다. 동료들과 이야기해보면 거의 그렇다. 의외의 곳에서 자신의 적성과 맞아떨어져 소득도 챙기는 엄청난 행운을 갖게 된 것이다. 거의 첫 직장인 경우보다는 결혼으로 경력이 단절되었다든지 지인 소개나 교육비를 받으려는 나와 같은 경우도 적지 않다. 이 일의 업무강도는 누가 뭐래도 최상위급에 속한다고 감히 말한다. 거의 가정을 꾸리는 엄마들이 많기에 엄청난 스트레스를 견디고 월 천 소득을 올리는 분들도 적지 않다. 처음엔 업무 현장이 무시무시하게만 느껴졌다. 각종 법률 설명, 복잡한 개인 정보 취급, 고객님들 민원 해결하기 등 내 본업인 보험 영업을 위해 말하기도 쉽지 않았다. 한마디만 하면, 혼내거나 끊어버리거나가 다반사다. 물론 지금도 거의 그렇다. 그 와중에 영업을 하면서 실적을 이루어내는 일이니 내가 생각해도 정말 대단한 분들이다.

나는 일을 끝내고 귀가하면 거의 실신할 지경이다. 이제는 낮의 업무 현장의 스트레스는 분리하고 오는데 여전히 일정 시간 멍 때리기는 필요할 정도로 녹초가 되는 것은 나아지지 않았다.

물론, 계약이 이루어진 날의 기분 좋음은 좋은 컨디션을 유지하는 데 도움이 된다. 건강에 투자하는 것을 사치라고 생각한 적이 있었다. 바보 같은 생각이었다. 투자라고 해서 무조건 헬스 클럽에 개인 피티를 신청한다거나 하는 고액의 투자만을 생각한 무지의 소치다.

지금, '위드코로나 시대'라고 말하고들 한다. 더욱 개인 건강을 챙겨야 하는 시대다. 거의 재택 근무가 대세인 요즘 점심 시간이나 쉬는 시간에는 짬을 내어 공원 산책을 한다거나 스트레칭을 꾸준히 한다거나 한다. 얼만큼의 부자가 되고 싶은지에 따라 체력을 쌓으라는 말이 있다. 두 배의 부자가 되려면 두 배의 체력을 쌓으라고 한다. 70세까지 현장 업무를 하려면 건강이 기본인 것은 말할 것도 없는 일이다. 여기까지 말하면 다들 머리를 흔들며 "말이 쉽지!"라고들 하면서 걱정한다. 속으로는 이 장수 시대에 한걱정씩 하면서 말이다.

일단은 어떤 일을 하든, 체력을 챙기는 일을 최우선으로 두어야 한다. 그래야 하고 싶은 일이든 해야 하는 일이든 할 수 있는 바탕이 될 테니까 말이다.

50년을 앞당긴 온택트 시대나 언택트 시대라고 해서 걱정이 산 같이 쌓이는 것은 누구라고 할 것 없이 모두 다 같다. 그러나 걱정한다고 1가지도 해결되는 일은 없다.

회사의 전산시스템도 바뀌어간다. 작업하기에 쉽게 바뀌면서도 개인 정보라든가의 법률엔 호랑이가 곶감 무서워하는 것보다 더 무섭게 대응하도록 작동한다. 비대면 업무자들에게는 거의 공통 업무가 컴퓨터 작업이다. 전 국민 스마트폰 세대다 보니, 우리나라 국민만큼 스마트폰을 잘 다루는 국민도 그리 많지는 않다는 뉴스도 보았다. 하지만 그런 뉴스가 위로가 되지는 않는다. 10년이면 강산이 변한다고 하는 말은 예전에 옛 말이 되었고, 이젠 1년 강산이다. 스마트폰에 익숙해질 때쯤 여러 가지 이유로 기기를 바꿀 수밖에 없게 된다. 그러면 또 3개월쯤 기본 기능을 익히고 사용하면서 익숙해지기를 반복한다. 앞으로의 직업 중 '디지털 튜터'라는 직업이 생긴다고 한다. 엄청난 컴퓨터 기능으로 이루어지는 많은 세상일을 점점 어려워하는 시니어 세대를 위해 기능을 알려주고 작업할 수 있도록 지도하는 신시대에 필요한 직업이다. 정부에서도 적극 이런 인원들을 늘리는 예산을 꾸린다는 소식이 많이 들려온다. 개인의 힘으로 복잡하고 세세한 스마트 기기들을 다 알기에는 너무나 많은 시간이 필요한 시대가 된 것이기에 서로 돕자는 것이다.

스마트폰에서 개인정보동의를 해야만 본인의 보험을 설계사가 알려드릴 수 있다. 기기를 다루기가 쉽지 않은 우리 엄마 세대분들을 위해서는 대신 읽어드린다. 비단 골드 시니어 세대가 아니더라도 어렵게 여기는 분들께는 읽어드리지만, 앞으로는 디지털 기능을 다루는 일에 더 심하게 격차가 있을 거라는 예상이 어렵지 않다.

본인이 하는 일에 익숙해지다 보면 매너리즘에 빠지곤 한다. 늘 그 일이 그 일이고, 남들은 그 어려운 일을 어떻게 하냐고 하지만 본인은 밥 먹는 것처럼 익숙해져 버린 것이다. 그때가 전문가가 된 것이다. 그때가 한 발자국 나가기 위해 노력해야 하는 때인 것이다. 나도 몰랐었다. 기본 체력을 더 단단하게 다지고, 잘 할 수 있는 일에 더 투자해야 하는 것이다. 그것이 시간을 절약하고, 열정을 더 태울 수 있는 일이다. 잘할 수 있는 일을 등한시하고 하고 싶은 일을 시도하는 것은 취미로 할 일이다. 정열과 돈과 체력을 낭비하는 일이다. 물론 밥이 안 먹힐 만큼 잠도 잘 수 없을 지경의 '가지 않은 길'의 유혹이 있다면 그건 말리지 않는다. 하지만 지금까지의 시간을 다시 한번 투자해야 하는 냉혹한 수업료는 단단히 치를 각오를 해야 한다. 지금도 끊임없이 업무 강도를 늦추지 않고, 집중을 하면서 월 천 소득을 올리는 상위 10%의 선배들이 있다. 주변 변화에 흔들리지 않고 본인이 할 일을 할 뿐이다. 그 안에는 백조의 물속 유영처럼 끊임없이 자신을 단련하는 노력이 있다. 재택근무를 하면서도 운동을 끊임없이 하고 회사 컴퓨터 교육을 이수하면서 새로운 법률이나 기능에 익숙하다.

한 통화 한 통화에 기분을 내맡기면서, 가지 않았던 길을 흘끔거리는 나와는 달라도 엄청 다른 것이다. 결과는 월말의 급여가 찍힌 은행 통장에서 여실히 드러나고 있다. 매 순간 다잡아도 잡히지 않는 것이 '마음'이다. 그 마음은 작심삼일로 잡아보기로 한다. 매일매일 작심삼일 하면 되지 않겠는가! 내일부터 하는 다이어트도 지금 당장으로 당겨 하기로 한다. 잠깐 쉬고 하는 공부도 해놓고 쉬면 된다.

2002년의 우리나라의 월드컵! 지금도 생각만 해도 신나고 또 신난다.

그때 우리 국민은 한마음이었다. 하나같이 붉은악마였고, 하나같이 서포터즈였다.

그 마음을 '나'를 위해 쓸 시간이 되었다.

다른 사람을 환호하던 열정을 '나'에게 돌릴 시간이다.

이젠 누구보다 '나'에게 투자할 일이다.

책은 전문가로 통하는 자격증이다

3년 후!

나는 베스트셀러의 작가가 되어 있을 것이다.

누구라도 한 번은 꿈꾸는 일일 것이다. 겉으로 말은 안 하지만 왕년에 백일장이나 글쓰기에서 장래의 목표로 자의 반 타의 반 생각해본 적이 있을 타이틀이다.

매년 내 다이어리 위시리스트 한 줄을 채우는 목록이다. 10년 후도 아니고, 1년 후도 아니고 3년 후, 조금은 한 발 뒤로 물러난 느낌이, 약간의 타협을 한 게 티 난다. 그런데 그냥 작가도 아니고 베스트셀러 작가란다.

어마어마하다. 비겁하게 시간의 간극을 주면서 목표는 거창하다. 국민학교 6학년, 열정적인 담임 선생님 덕에 정말 열심히 책을 읽었었다. 학교 도서관 목록을 거의 섭렵했었으니 말이다. 그건 선생님의 한마디 말씀이 원인이 되었다.

"경윤아! 그렇게 열심히 읽으면 작가가 될 수 있다. 한번 해봐라!"

열심히 책을 읽으면 작가가 된다고 생각했었다. 쓰는 작업은 생략한 채 바로 작가가 되는 걸로 생각했던 것이다. 아마 1년에 360권은 읽었던 듯하다. 지금 내 머릿속을 차지하는 많은 지식 중 90%는 그때 읽은 책에서 얻은 것이라는 생각이다. 물론 지금은 그렇게 마구잡이로 읽어대지는 않는다. 바른 독서법이 아니기도 하지만, 그렇게 읽어서는 머릿속에 남는 것이 하나도 없기 때문이다. 많이 읽기만 하면 작가가 될 거라고 믿던 어린 시절의 꿈을 나에게 이뤄주고 싶었다. 하지만 어떻게 해야 할지 어떤 글을 쓰는 건지 하나도 아는 게 없었다.

〈한책협〉의 김태광 코치는 많지 않은 나이에 1,355권의 책을 기획하고 썼다.

초등학교 국어 교과서에 실린 글도 있고, 동화부터 자기계발서와 신념 도서까지 장르도 다양하다. 본인은 넥타이도 못 맨다고 겸손해하지만 책

안의 글은 어마어마하다. 책을 쓰고는 싶으나 나처럼 갈팡질팡하는 사람들에게 아낌없이 본인의 노하우를 꺼내주고 코칭해서 작가로 만든다. 책을 써서 책쓰기 코칭의 특허권도 획득한, 그야말로 책쓰기의 달인인 것이다. 이런 사실만 보아도 '책쓰기'는 전문가로 가는 가장 확실한 길이다.

3년 후! '과연 내가 베스트셀러 작가가 될 수 있을까?'라고 생각하지 않는다.

내가 탄 배의 조종간을 목표에 두었으면 끝이다. 그다음은 그다음에 맡기면 되는 것이다. 날씨가 흐리고 폭풍이 오면 돛을 접고 날씨에 맡기면 되고, 요즘처럼 환상적인 가을날에는 마구 달리면 되는 것이다. 너무 신나는 일이다. 책을 쓴다는 일은.

정부의 기관에 접수하고 시험을 보느라 머리 쥐어뜯으며 고민하고 스트레스 받지 않아도 된다. 1년이나 6개월의 이수교육을 받느라 힘들지 않아도 된다. 그저 내가 쓰고 싶은 말, 하고 싶은 말을 글로 써서 책으로 만드는 작업을 하면 되는 것이다.

나는 10년의 계획이 너무나 멀게 느껴질 때는 3년을 계획한다. 중학교 3학년, 고등학교 3학년을 떠올려보면 3년이 결코 짧은 시간이 아니다. 어떤 결과를 내기에 짧거나 너무 긴 세월이 아니다. 계획을 세울 때는 그 결과를 의심하지 않는다. 세부 계획은 따로 쓰면 되는 것이고, 그대로 하기만 하면 되는 것이다. 〈인생라떼TV〉의 권마담님, 위닝북스의 권 대표님이 늘 강조하는 행동만 하면 되는 것이다.

　다들 이력서에 두세 개의 자격증 이력은 있을 것이다. 기본적으로 운전면허증, 대한민국 남자라면 태권도 1단 자격증은 기본으로 한두 줄을 메우고 있다. 그 외로는 직업과 관련 있는 수만 가지의 자격증을 따느라고 애써본 기억들이 있을 것이다. 민간 자격증은 제외하고 국가자격증만 따져보더라도 흔히 도전하는 미용사 자격증, 부동산중개사 자격증, 자동차정비사 자격증, 그리고 고소득으로 유명한 굴삭기 자격증 등이 있다. 이것들은 모두 내가 도전해보았거나 취득한 자격증의 종류이다. 그렇다면 이 자격증들이 지금 내게 어떤 유용함을 가져다주었는지 궁금할 것이다. 전혀. 이게 나의 답이다. 이런저런 이유들로 취득한, 미용사와 자동차정비사 2종류의 자격증은 거의 무용지물이다(그 자세한 내용은 『지금 바로 성공 고수 텔레마케터가 되는 비법』에 적혀 있다). 이런 분들이 비단 나뿐만은 아니리라 생각한다.

　시간과 금전적인 많은 비용을 치르면서 획득한 것들이 실제로는 무용지물이거나 유명무실하기가 일쑤다.

　책은 유명한 분들만 쓰는 것인 줄 알았다. 책은 학위를 가진 박사님이나 국가의 유력한 분들만 써야 되고 그런 줄 알았다. 지금도 많은 사람들이 그렇게 생각하고 있을 수도 있겠다.

　책쓰기는 나를 세상에 드러내는 가장 좋은 방법이고(〈한국석세스라이프스쿨〉의 권 대표님), 그 수단이다. 세상의 온갖 자격증을 따느라 애쓴 시간에 나를 드러내는 책 한 권을 썼다면 그 자격증과는 비교도 할 수 없는 일들을 경험할 수 있을 것이다.

책이 출간되면, 국립중앙도서관에 대대로 보관되는 사실을 알고 있었는가? 아마 몰랐을 것이다. 한번 활자로 박혀 내 이름으로 출판된 책이니만큼, 그런 귀한 대접을 받는 것은 당연한 일일 텐데 감격스러움에 처음엔 송구함까지 느꼈던 일이다.

자신의 일 어느 한 부분만 책으로 출간하더라도 인생 전반의 모든 감정이 드러나기 마련이다. 한 구절 한 구절에 자신의 생각이나 행동 방식이 고스란히 박혀 나오게 마련이기 때문이다. 그래서 자신의 책 한 권이면 충분히 '나 드러내기'에 성공한 전문가일 수밖에 없는 것이다.

남편 동기들 중에는 박사 학위를 가진 분들이 꽤 있다. 그분들이 하는 인사가 "나는 논문서밖에 못 썼는데 어떻게 책을 쓰셨습니까? 대단하십니다!"라고 추켜올려주신다. 처음에는 놀린다고 생각했다. 거의 3개 국어를 능통하며 본인의 전문서를 소설책 읽듯이 하시는 분들이 하는 칭찬이다 보니 믿기 어려웠다. 이야기를 나누다 보니, 진심으로 칭찬하고 대단하다고 해주는 말이었음을 알게 되었다. 단순한 지식을 나열하는 것이 아닌, 생각과 경험과 인생을 적어 나가는 작업을 책쓰기로 하는 일은 쉽지 않은 일이라는 것이다. 그 어려운 일을 지금 많은 사람들이 하고 있다. 자신의 인생을 위해서 말이다.

내가 쓴 멋진 책에 칭찬을 받고도 자신 없어 했다. 꼭 누군가의 검증이 있는 칭찬이 있어야만 대단한 일을 한 것을 인지하는 좋지 않은 자신감 부족은 고칠 일이다.

내 인생의 전문가인 나를 배제하고 누군가에게 인정을 받아야만 숙제 검사를 받은 듯 안심하는 의기소침은 없애버리자. 담담하게 써 내려간 책은, 다른 누구보다 본인이 인정한 멋진 일이다. 멋진 일을 책쓰기로 이루는 일을 꼭 해볼 일이다.

자신이 나의 주인인 것을 그대로 책에 쓰면 될 일이다. 그저 담담하게 내가 걸어온 나의 길을 적어내면 그게 책이 되는 것이다. 어울리지 않는 화장을 덕지덕지하면 더 우스꽝스럽다. 정갈하고 고운 내 얼굴 그대로의 깨끗이 한 모습만 보이면 그게 최고의 책이 되는 것이다. 그 최고의 책이 바로 나를 내 인생의 전문가로 인증하는 것이다. 내 이름 석 자를 어떤 일보다 확실하게 세상에 내보이는 일이 그렇게 많지 않다. 노벨상 수상자도 기억해주기 힘든 세상이다.

그런데 작가는 이야기가 다르다.

책을 쓴다는 일은, 얼마큼의 생각과 고뇌와 걸러내는 작업을 거쳐야 하는지 웬만한 사람을 알고 있다. 그래서 세상의 대부분은 독자에 머문다. 독자에 머무는 것은 그 어려운 작업 없이 책을 읽어내기만 하면 되기 때문이다. 그 어려운 작업을 하지 않아도 되기 때문이다.

세상에 많고 많은 독자에서 작가로 위치를 바꿉니다!

가장 확실하게 나를 알려 전문가로 확증 받는 작가로 책쓰기를 합시다.

지식과 경험, 깨달음을 전하는 강연가가 돼라

억만장자 메신저가 되자!

자기계발의 끝판왕이 바로 메신저가 아닌가! 자기계발서의 베스트셀러 자리를 지키고 있는 책의 제목이 바로 『백만장자 메신저』이다. 요즘은 세대에 맞게 억만장자를 꿈꾸는 사람들이 목표로 두는 곳이 바로 메신저이다.

자신의 목표 달성에 그치지 않고, 자신의 경험과 지혜, 노하우를 원하는 사람들과 공유하는 일이다. 내가 생각하는 메신저의 첫발 떼기는 단

연코, 책쓰기이다. 첫발을 뗐으니 멋진 풍경을 보며 산책을 하거나, 더 멋진 일들을 위해 다른 곳으로 여행을 가거나 할 것이다. 바로 그 작업이 메신저가 되는 작업 중 하나가 될 것이다. 책이 출간되면 그 내용으로 어떤 모양이든지 도움을 원하는 사람들이 생길 수 있다. 도움까진 아니더라도 최소한 호기심으로 궁금해하는 사람들이 생길 수도 있다. 내가 가진 경험을 모든 사람이 겪진 않았을 테니까 말이다. 본인에게는 자신의 삶이라 신기할 것도, 새로운 것도 없겠지만 타인에게는 신세계이고 마냥 신기한 다른 세계일 수 있을 것이다. 그 점이 바로 메신저의 출발점이다. 세계인 누구 한 사람도 똑같은 사람이 없듯이, 100인 100색이고 1,000인 1,000색의 색깔이 다르고 모양도 다르고 생각은 더구나 더 다르다. 모든 사람들이 나를 봐달라고 소리친다면 얼마나 시끄럽고 당황스러운 광경일지 상상도 할 수 없다. 그러나 생각보다 자신의 목소리를 내는 사람들이 많지 않다. 자신이 없다는 것이 많은 이유를 차지하고 있다. 스스로가 생각하기에 자신의 경험과 지혜가 별거 없다는 생각이 가장 많을 것이다.

의외로, 음식 중의 가장 기본이라고 생각하는 밥하기나 라면 끓이기를 제일 힘들어하는 사람들이 많다. 쉽다고 생각하는 일 중에 그다지 쉽지 않은 일들이 생각보다 많은 것이다. 누구한테 물어보기도 민망하던 차, 누군가 짠! 하고 나타나 가려운 곳을 긁어주듯이 시원하게 말해주자 정말 많은 사람들이 환호했던 경우는 생각해보면 어렵지 않게 여러 가지 많았다. 근래의 예를 들면, 〈골목식당〉 프로그램이 생각난다. 그럴 이유가 없는데 이상하게 장사가 안 되는 골목 상권을 일정 기간 솔루션을 통해 붐을 일으킨 프로그램이다. 백종원이라는 기업가의 노력도 빛을 발했고, 참가하는 식당 주인들의 열정과 노력도 큰 부분을 차지했고 더불어 그 식당을 찾아가주는 시청자들의 관심이 붐을 일으킨 공의 제일 큰 부분을 차지했다. 부언하자면 우리 엄마도 '골목식당 투어족'의 1인이다. 식당을 방문해서는 많은 분들이 그러셨듯이 응원의 메시지를 메모지에 적어 벽에 붙여주며 잘되라고, 돈 많이 버시라며, 본인의 돈을 많이 쓰고 오시곤 한다. 이제는 그 방송이 종영을 앞두고 있다는 소식이 들려오니 살짝 서운하기도 하다. 그런데 그 프로를 보면서 놀란 것은, 식당을 운영하는 주인들이 생각보다 덜 프로였다는 점이다. 그 사실은 많은 사람들을 놀라게 했었다. 너무나 당연한 것들을 간과하고 있었다. 예를 들면, 가장 기본 중의 기본인 청결이라든지, 서비스 정신 등 이런 것들이 빠져 있는 경우도 상당히 많았다. 많은 시청자들이 놀라워했다. 바꿔 말하면 이렇게 아무것도 아니라고 생각했던 것들이 많은 사람들에게 필요했었던 것이다. 오랫동안 정규 방송을 이룰 만큼 많은 사람들에게 필요한 정보였고 도움이었던 것이다.

내가 가진 경험은 어떨까?

과연 필요로 하는 사람이 있을까? 필요로 하는 곳이 있을까? 나 역시 무척이나 궁금하다.

멀리 찾지 않아도 바로 나의 경우가 있다. 직장 교육 부서에서 교육을 받았지만 무언가 빠진 부분에 대한 갈증이 있었다. 바로 내 일을 하는 실무자의 경험과 충고와 지혜가 무척이나 궁금했고 알고 싶었다. 선배와의 대화 같은 간단한 시간은 있었지만 그걸로는 성에 차지 않았다.

그래서 내가 지금 하고 있는 직업을 시작했을 때, 일단 서점을 뒤졌던 기억이 있다. 목록을 찾았지만 실망감이 너무 컸다. 매뉴얼적인 업무 시스템에 대한 책, 일반적인 콜센터 업무나 아주 간단하고 일상적인 이야기만 있는 책만 발견할 수 있었다. 지금은 여러 권이 출판되어 조금은 해소가 되었다. 그중에는 실전 이야기를 그대로 현장감 있게 내가 쓴『지금 바로 성공 고수 텔레마케터가 되는 비법』도 있다. 만일 내가 서점에서 실무자의 이야기가 있는 책을 발견했다면 정말로 천군만마를 얻은 기분이었을 거 같다는 생각엔 지금도 변함이 없다. 지금은 유튜브를 찾아보면 정말 많은 사람들이 내가 찾는 분야의 방송을 많이도 하고 있다. 목적에 맞는 방송을 정해서 듣기만 하면 많은 도움을 얻을 수 있을 것이다.

그 유튜브 방송을 하는 분들이 바로 메신저의 한 분야라고 할 수 있다. 지금은 위드코로나 시대라고 공공연히 말한다. 이제는 코로나를 없애려 애쓰는 시대가 아니라, 개인위생을 철저히 하면서 방법을 모색하는 시대인 것이다. 메신저로서 가장 좋은 구현 방법인 강연 장소가 반드시 실물 장소일 필요는 없는 시대가 온 것이다.

유튜브 방송을 필두로 개인 홈피나 화상회의 장소나 온라인의 많은 곳을 많은 사람들이 이용하고 있다. 퇴근 시간 버스 안 사람들을 살펴보면, 모두 하나같이 스마트폰 속에 빠져 있다. 아마도 그중의 누군가는 나와 같은 강의를 함께 듣고 있을 수도 있겠다. 그리 생각하니 무심한 표정의 버스 안과 달리 온라인상의 누군가들은 수많은 표정을 하며 또 다른 세상에서 함께하고 있는 것일 수도 있겠다. 반드시 실제의 강연 장소에서 강연을 해야 한다는 부담감을 안고 지레 겁을 먹거나 위축될 필요가 없다. 감사하게도 이렇게 너무나 멋진 세상에 살고 있는 것이다.

'책을 쓰기도 힘든데 강연까지 해야 하는가?'라고 생각할 수 있다. 책을 쓰는 작가가 된 것도 정말 대견하고 멋진 일임에 틀림없다. 쉽지 않은 일을 해냈으니 조금 더 힘을 내보는 것도 좋지 않은가 말이다. 이왕이면 더 적극적으로 도움이 되는 일을 하면 좋지 않겠는가! 좋아하는 일도 하면서 원하는 1인 사업가가 되는 것이다. 자본도 필요 없고 직원도 필요 없다. 임대료 오를 걱정도 할 필요가 없다. 요즘 방송에서 연일 이슈가 되고 있는 '자영업자의 몰락'같은 뉴스는 상관도 없는 일이다. "인사는 만사다."라는 말이 있다. 사람과의 관계가 인생의 전부라는 말과 통하는 말이다. 그만큼 살면서 관계 맺는 사람이 중요하다는 말이 된다. 내 주변인 5

인의 평균치를 나로 보면 된다는 말도 있다. 계속해서 스스로를 위로 위로 상향시키려는 노력을 해야 내가 롤모델인 니즈를 만들어낼 수 있을 것이다. 그런 노력이 반복되어 메신저로의 진정한 모습을 갖춰갈 수 있다.

대학을 졸업하고 대기업에 취직하고, 운이 좋다면 60세까지 다닐 수도 있을 것이다. 하지만 요즘 같아선 그런 일은 거의 기적에 가까운 일이고 '오륙도 사오정'이라는 신조어 아닌 신조어를 만들어냈다. 인생 반도 지나기 전에 직장을 나온 사람들이 할 수 있는 일은 많지 않다. 대부분의 퇴직자들이 얼른 기반을 닦겠다는 생각에 서둘러 음식점을 개업하곤 한다. 3년 내 폐업률이 90%인 식당을 어쩔 수 없이 뭔가는 해야 하기에 알면서 모르면서 시작하는 것이다. 직장을 다니고 있을 때, 조금 더 알았더라면, 조금 더 자기계발에 눈을 돌려 공부했더라면 달라졌을 것이다. 모든 사람들이 다 하려고 뛰어드는 자영업. 모두 망하지도 않지만 모두 성공하지도 않는다. 같은 이치로 1인 창업으로 강연가가 되겠다고 모두가 생각하지도 않지만 모두가 시작하는 것도 아니다. 미리 걱정하는 일은 아무 쓸모가 없다는 뜻이다.

〈한국석세스라이프스쿨〉의 권동희 대표님이 늘 강조하는 말씀 중 하나가 "그냥 해라. 행동해라!"이다. 걱정하는 시간에 그냥 하라는 뜻이다. 맛

있는지, 맛없는지는 먹어봐야 아는 일이고 먹기라도 해보고 말하라는 것이다. 성공자들이 한결같이 강조하는 것이 바로 "행동하라!"인 것을 모르는 사람은 아무도 없다. 그러나 행동으로 옮기는 사람은 많지 않다. 그것이 성공자의 수가 따르는 사람보다 적은 가장 큰 이유인 것도 알고 있다. 유튜브 계정을 만들어놓고는 본인 채널은 비공개로 영상 3개 찍어놓고는 개점휴업 상태다. 구독하는 채널은 100개를 넘기고 있으니 매일 올라오는 영상만 보기에도 하루가 짧을 지경이다. 아무리 시작하라고 주변의 독려가 있어도 스스로 불이 당겨지지 않으면 소용이 없다.

지식과 경험을 공유하는 분들을 보면 절로 고개가 숙여진다. 학생 시절, 선생님 질문에 분명 아는 문제인데 혼자만 알고 있고 싶은 욕심에 끝까지 답을 안 했다. 결국 지명돼서는 답을 이야기하고는 엄청 억울해하던 치기 어린 욕심쟁이 시절이 떠오른다. 친구가 물어보는 것마다 자상하게 설명하면서 가르쳐주던 친구가 있었다. 한번은 내가 물었다. 그렇게 다 가르쳐주면 열심히 공부한 게 아깝지 않냐고 질문했다. 아는 것을 가르쳐주면 한 번 더 설명을 하면서 본인도 한 번 더 들으니 잊어버리기 전에 복습 효과가 있어 훨씬 좋다고 했다. 나는 아무런 말도 할 수가 없었다. 내가 가진 지식과 경험과 노하우를 공유하는 용기를 갖기로 한다. 그 방법의 하나로 꼭 강연가가 되어보기로 한다.

비공개인 유튜브 계정을 풀고 제일 쉬운 것부터 시작하기로 하자.

내가 가진 경험과 지식을 공유하는 강연을 하는 사람이 되어, 메신저
로의 첫걸음을 걷자!

06

책을 펴낸 후, 돈이 들지 않는 온라인 창업하라

온라인 창업? 꿈에서는 생각을 해봤을까요?

컴퓨터가 386일 때부터 나의 취미는 검색하기였다. 뭐든지 궁금한 건 모두 검색으로 찾아졌다. 특히 파도타기라고 하는, 검색하다 관련된 것들로 이어지는 것이 무척이나 재미나서 신기한 세상을 만난 듯 신나게 새로운 세계에 빠져들었다. 지금은 일상화되었지만 그 당시는 인터넷쇼핑이 보편화되기 전이었다. 하나둘씩 인터넷으로 구매해 보니 굉장히 편리하고 우선은 시간이 엄청나게 단축되어 내게는 딱인 세상을 만난 것이었다. 다른 사람들은 제품도 좋지 않다고 하고 불량품도 많이 사게 되는 일이 있다고 불평이 많았다. 나는 운이 좋게도 원하는 상품들을 검색을 통해 좋은 가격으로 찾게 되어 너무나 신나고 재미있었다. 사야 하는 물건들이 있을 때는 시간을 내서 일부러 매장을 찾아가야 하고, 영업시간에 못 맞추기라도 하면 사정사정해서 기다려달라고 하고 구매한 적도 많았다. 지금은 어떤가? 24시간 열려 있는 온라인 매장에서 마음껏 손가락만 사용해서 언제든지 얼마든지 원하는 물건을 구매할 수가 있게 되었다. 과소비를 걱정해야 할 정도가 된 것이다. 한번은 일부러 그림 도구를 파는 오프라인 매장을 갔는데, 도리어 인터넷보다 비싸서 당황한 적이 있었다. 인건비나 임대료가 포함되어 책정된 가격이라 어쩔 수 없다는 답변을 듣고는 어쩔 수 없이 비싼 가격을 치르고 나왔다. 그냥 돌아와 인터넷으로 주문할걸, 차비 들여 간 노력으로 그냥 지불한 쓸쓸한 경험이었다.

개인 홈페이지를 갖고 싶다고 생각하고 알아본 적이 있었다. 홈페이지 구축에 적게는 몇백만 원에서 천만 원 가까운 비용을 지불해야 했다. 게다가 매월 서버 이용료까지 지불해야 하는 것을 알게 되고 포기하고 말았다. 홈피에 그만한 비용을 들여 내게 돌아오는 비용은 제로였기 때문이다. 구체적인 구상 없이 막연하게 홈페이지를 갖고 싶다고만 생각했지, 무엇을 다룬다거나 어떤 콘텐츠라거나 세부적인 계획도 미래도 갖고 있지 않았기 때문이다. 지금은 개인 사이트를 구태여 갖고 있지 않아도

SNS가 무척 잘되어 있어서 별도의 비용까지는 들지 않고도 얼마든지 운영이 가능하다. 게다가 파생되는 여러 가지 강의라거나 물품 판매도 가능하도록 연결할 수 있게 되어 정말 엄청난 가상세계의 공간이 무궁무진하게 열려 있다. 내 이야기를 풀어내면서 맘껏 본인의 공간을 즐기면서도 수입 창출이 가능해졌다는 이야기이다.

　제일 많이 이용하는 온라인 공간으로는 카페, 블로그, 인스타그램, 유튜브를 꼽을 수 있겠다. 이 네 곳의 가상공간은 소통과 교류가 가능해서 얼마든지 본인에게 맞는 수입도 창출할 수 있는 공간으로 키워갈 수 있다. 비전문가인 내가 느끼는 공간별 특성을 말해본다. 카페는 많은 사람들을 나와 같은 목적으로 같은 공간에서 교류할 수 있어 관리만 잘한다면 제일 가능성이 높은 공간이라 할 수 있다.

　블로그는 개인적인 공간에 불특정 다수의 사람들이 방문하면서 맘 편히 둘러볼 수 있는, 카페보다는 구속력이 덜한 편이라고 느껴진다. 인스타그램은 내가 제일 좋아하는 방식의 공간이다. 개인 홈피 같기도 한데다가 블로그처럼 편안히 방문하고 구경할 수도 있기 때문에 부담감이 적어 현재 각광받는 개인 소통 공간이다. 그다음으로, 유튜브는 앞으로 훨씬 많은 사람들이 구현해갈 공간이라고 생각한다. 점점 더 빨라지는 가상공간에서 거추장스러운 과정 없이 바로 영상으로 모든 걸 구현하기 때문이다. 인터넷에서 검색하면 나오는 거의 모든 것을 유튜브 영상으로 찾을 수 있고, 도움을 주는 영상들이 점점 많아지고 있다. 나도 빠른 세월 안에 비공개 계정을 풀고 진정한 나를 드러내는 유튜버가 되어야 함을 점점 더 강하게 느끼고 있다.

책을 쓴 작가가 되었다면, 정말 대단하다고 박수를 받을 것이다. 그러나 그다음 행보가 없다면… 그걸로 끝이다. 국립도서관에 100년간 보관되는 내 이름 석 자가 박힌 책을 낸 저자로 만족해야 하는 것이다.

온라인 창업은 어려운 것이 아니다. 예를 들면, 우리 집 농사가 잘되어 고구마, 감자, 고추, 쌀 등을 조금 더 많은 사람들에게 알려 좋은 먹거리를 좋은 가격에 공급해 주는 일이라고 생각하면 어려울 것이 하나도 없다. 지금 40~50대라면 특히나 움츠러들 이유가 하등 없는 것이 스마트폰을 자유자재로 쓰고 있는 세대이기 때문이다. 골드 시니어로 일컬어지는 60대 후반의 분들을 위해 국가에서도 많은 지원을 하고 양성하려고 하는 디지털 튜터(전자기기 작동 도우미라고 해두자)의 도움이 필요할 때쯤엔 아마도 디지털 세상은 지금과 달리 예상 불가한 엄청난 변화가 있을 테니, 지금의 4~50대들이 그 튜터 역할을 맡아 세대 간 연결을 하게 될 것이다.

긴 말은 필요 없고, 일단 시작하자! 카페가 어렵다면 블로그로 글쓰기부터 하는 것이다. 내가 아는 각종 정보와 경험을 쓰고 관리하다 보면 방향을 설정하게 된다. 방향이 잡히면 그다음은 다루고 싶은 것들이 생긴다. 그렇게 가지를 뻗다 보면 원하는 곳으로 향하고 원하는 것을 얻게 되는 것이다. 모르는 것은 일찍 문을 열어놓은 다른 온라인 주인에게 물어보면 된다. 미래의 고객에게 불친절한 주인은 이 세상에 아무도 없을 것이다.

알려주면 줄수록, 공유하면 할수록 인터넷 세상은 넓어지고 커진다. 운영하는 사람들은 이 땅에 함께 사는 사람들인데 가상세계에서 약간은 다른 점이 신기하고 희한한 세계임에 분명하다.

아마도 공간의 특별함이 사람들에게 친절함과 여유를 가져다주었는지도 모를 일이다.

일단은 시작하는 일이 제일 중요하다. 차근차근 처음부터 하면 된다. 나처럼 인터넷 세상을 활개치고 돌아다니는 것을 좋아하는 사람이라면 조금 더 쉽게 접근할 수도 있겠다. 그렇지만 그냥 산책하는 것과 목적을 갖고 다니는 것은 엄연히 다르다. 재미로 하는 것에 그치는 게 아니라면 계정을 만들 때부터 조금 신중한 것이 좋은 건 당연하다. 아무 뜻 없이 만들어 기억하려면 힘든 것보단 뇌리에 조금이라도 남아 있는 이름으로 시작하는 것이 좋다. 내 경험으론 나처럼 하고 싶은 대로 맘대로 이것저것 이름을 정해버리면 전혀 상관성이 없기에 기억하기가 쉽지 않다. 맛없는 음식을 먼저 맛본 사람이 있다면 당연히 그 음식은 패스하는 것이 시간을 절약하는 지름길일 것이다.

제일 중요한 일 중의 하나는, 본인이 제일 잘하는 것을 찾는 것이다. 제일 하고 싶은 것이 아닌 것은 주의할 일이다. 이 세상은 내가 제일 하고 싶은 것에 관심이 그다지 없다. 내가 제일 잘할 수 있는 것, 제일 잘하는 것에 관심을 둔다. 초점을 잘 맞추어야 한다. 돋보기로 해의 빛을 열로 바꿀 때도 집중을 해야 한다. 돋보기가 흔들리지 않도록 잘 붙잡고 초점이 한 군데에서 흔들리지 않도록 해야 한다. 그래야 종이에 빛의 구멍이 뚫리고 그 열로 종이를 활활 태우는 것을 목적한 대로 보게 될 것이기 때문이다. 내가 제일 잘하는 것을 찾았다면, 그것에 집중해야 한다. 1가지의 목적을 향해 나아가야 한다. 인스타그램이 되었건, 유튜브가 되었건 꾸준히 매일매일 글과 사진 등을 올려 알려야 한다. '꾸준히'가 초점이다. 아직 빛은 모아지지 않았고 열로 바꾸려면 한참을 돋보기로 모아야 하는 것이다. 만들어놓은 카페나 블로그, 인스타그램, 유튜브가 돋보기가 될 것이고, 내가 쓰고 올리는 모든 것들이 빛이 되어 열로 바뀔 일만 남은 것이다. 시작했다면 꿋꿋하게 계속 진행할 일이다. 1만 시간은 아니더라도 며칠 해보고 방문자의 얼마 안 되는 숫자에 바로 실망하지 않을 결심을 해야 한다.

임대료도 낼 필요가 없고, 따박따박 월급을 줘야 하는 직원도 필요 없고 물건을 구매해야 하는 비용도 필요 없는 전부 무료로 쓸 수 있는 나의 무한 공간이기 때문이다. 내가 열어놓은 곳에 찾아오기까지는 시간이 필요하지 않겠는가. 이 무한 공간에서 얼마나 많은 곳을 거쳐야지 나를 발견하고 여기까지 올 수 있겠는가를 생각하면 기다리는 일은 그다지 어려운 일이 아니다. 도리어 그냥 멍하니 있을 게 아니라, 디지털 튜터의 마음으로 온갖 기능을 익혀놓아야 한다.

앞으로 얼마나 많은 미래의 고객들이 찾아올지 모르는데 아무것도 차려놓은 것이 없으면 쉽게 발길을 돌릴 것은 너무나 당연한 것이다.

온라인 창업은 누구나 할 수 있는 일이다. 누구나 하려고 맘을 먹지만 아무나 할 수는 없다. 왜 해야 하는지를 확실히 알고 시작해야지만, 중간에 어떤 일이 생겨 그만두고 싶을 때 어떻게 대처할지를 알 것이다. 수많은 사람들이 시작하지만 소리도 없이 그만두는 사람도 많다. 수많은 사람들이 꿈꾸지만 시작하는 사람은 많지 않다. 나를 드러내는 작업만이 온라인 창업에서 제일 중요한 일임을 기억해야 한다. 왜 그런지 그 이유를 스스로 깨달아야 한다.

책을 쓴 작가가 되었다면, 반드시 메신저의 창구 역할을 하는 온라인 창업을 할 일이다!

돈이 들지 않는 온라인 창업은 책을 펴낸 후, 꼭 해야 할 일이다!

07

최고의 코치에게 책쓰는 법을 배워 돈과 시간을 아껴라

책쓰고 강연하는 작가가 되기로 했다!

초등학생 시절 미술 선생님께서 다짜고짜 홍익대학교 미대를 가라고
하셨다. 학원도 다니지 않으면서 숙제로 내는 과제물들이 선생님 보시기
에 흡족하셨나 보다. 그 칭찬이 하나도 기쁘지 않은 것은 너무나 정확히
수백 가지의 안 되는 이유를 알아버린 탓일 것이다.

그 당시 내가 아는 예술가는 '배고픈 직업'이었다. 아무리 좋아하는 일
을 하더라도 배고픈 일은 하고 싶지 않은 어른 같은 아이의 신념이었다.
그 누구도 안 된다고, 그 길은 가지 말라고 한 사람은 한 사람도 없었다.

가장 큰 장벽인 스스로가 단 한 번의 시도도 없이 단념해버리는 결단을 내려버렸다.

이렇게 긴 이야기를 한 이유는, 내가 하고 싶은 일이 진정 얼마큼이나 간절하고 절실한 지를 알아보라는 것이다. 이런저런 이유로 위의 예를 든 것처럼 포기할 수 있는 일이라면, 그것은 해도 그만, 안 해도 그만인 일이다. 자신 있게 말할 수 있다. 본인의 가슴이 뛰는 목표가 아닌, 제 3자의 시선으로 결정되고 목표로 정한 꿈은 본인의 꿈이 아니라 남의 꿈이기 때문에 언제든 포기할 수 있는 것이다.

책쓰기는 누구에게도 방해받지 않도록 내가 정한 나의 꿈이었다. 객관적인 어떤 이유를 갖다 붙이더라도 포기하지 않은 나의 꿈인 것이다. 그렇게 소중하게 간직한 꿈을 가슴에 담아만 놓는 것은 마치 금고 속에 다이아몬드 원석을 넣어두는 일이나 다름없다. 원석인 다이아몬드는 그저 조금 다른 돌과 다름없다. 다듬고 자르고 커팅을 수백 번을 하고 나서야 진정 다이아몬드로 빛을 내고 아름답게 빛나는 것이다. 꿈을 이루는 노력 끝에 이루는 보람을 느껴봐야 진정한 꿈이라고 할 수 있다. 간직만 해놓은 꿈은 금고 속에 보관해놓은 원석인 다이아몬드, 그저 돌덩이에 지나지 않을 뿐이다. 커팅을 할 방법을 잘 찾아야 한다. 함부로 어떤 도구를 들이대었다가는 제대로 빛을 내기는커녕 망가뜨려버릴 수도 있을 것이다.

세상을 살아감에 가장 중요한 일이 인간과의 관계인 것을 부정하는 사람은 아무도 없을 것이다. 더욱이 배우자나 스승은 인생 전반에 영향을 끼치는 중요한 인물이기 때문에 더더구나 중요하다. 어떤 사람을 만나는가에 따라 미래의 모습이 엄청나게 달라질 수 있다. 어떤 선택을 해야 하는지 고민하는 사람들이 정말 많다. 본인이 선택하는 일임에도 불구하고 쉽지 않은 일이기 때문이다. 책쓰는 작가가 되기로 결심을 했는데, 막상 누구에게 어떻게 배워야 하는지 제대로 알아내기가 힘들다. 원석을 다듬어 다이아몬드로 만들어 줄 사람이 바로 훌륭한 역할을 하는 스승이라 할 수 있겠다. 그 역할을 제대로 해낼 수 있는 사람이 과연 몇이나 되는지 큰소리 내어 이야기하기가 쉽지 않다.

나이를 먹고도 질풍노도의 시기가 끝나지 않는 현대인이 많다. 물론 그중에 나도 포함된다.

그렇게 어렵게 작가가 되겠다고 목표를 삼은 것이기에 정말 좋은 지도를 받고 싶은데 도움을 청하기도 쉽지 않고, 찾아내기도 어려웠다. 책쓰기를 다룬 다른 책들을 여러 권 읽어 보니, 굉장히 어려운 과정이 필요하고 비용도 만만치 않았다. 가슴속 꿈의 불길이 다시 흔들리려고 한다. 그러던 어느 날, 교보문고에서 한 권의 책을 발견한다.

『김대리는 어떻게 1개월 만에 작가가 됐을까』

발견한 순간에 떠오른 말은 바로, 로마 시대 과학자가 말한 것과 같은 '유레카!'였다.

현재, 〈한책협〉의 김태광 대표님이시다. 책 250권을 기획·집필하고 1,100명의 작가를 배출한 전대미문의 책쓰기 특허권도 갖고 있는 우리나라 21세기의 책쓰기 코치이시다. 프로필을 보니 믿을 수 없는 경력이 가득이었다. 책을 읽어보니, 막연히 갖고 있던 책쓰는 작가의 꿈이 파도를 치면서 숨을 쉴 수 없을 정도로 몰아치기 시작했다. '이렇게 전부 가르쳐 줘도 될까?' 싶을 정도로 모든 노하우가 망라되어 있었다. 열심히 하면, 책 한 권만 읽고도 출판사와 계약할 수 있을 것 같은 생각이 들었다. 실제로 김태광 대표님 유튜브 채널 댓글에, 유튜브와 책만 읽고 자신의 원고를 써서 탈고해서 출판사의 러브콜을 받았는데 어떻게 하는 것이 좋겠느냐는 글을 본 적이 있다. 그 댓글에 김태광 대표님은 축하한다고 하며, 자신의 방송을 구독해서 출판까지 하게 된 노력에 박수를 보낸다고 진심으로 축하를 하셨다. 그것을 보고 이런 분이라면 진심으로 타인의 꿈을 도울 분이라는 확신이 섰다.

현재, 〈한책협〉의 책쓰기 시스템은 우리나라 최초로 '책쓰기 특허권'을 갖고 있는 국내 유일의 시스템이다. 한 번만 하루의 특강을 듣는다면, 자신의 꿈이 이미 이루어진 확신을 갖게 되는 신기한 경험을 할 것이다. 그렇지 않고서야 매달 적게는 10인, 많게는 30인에 달하게 출판 계약을 해내는 일이 가능하겠는가 말이다.

자타공인 최고의 책쓰기 코칭을 하고 있고, 최고의 코치라는 것에, 최소한 내가 알기에는 반론이 없다. 그것은 그에게 배우고 있는 예비 작가들을 최소 2주에서 3달이면 책을 쓰게 만드는 기적과도 같은 도사 코칭이 있기 때문이다. 아무리 말로, 글로 풀어도 실제 본인이 경험하지 않는다면 추종자의 선전문이라고 여겨질 수밖에 없을 것이다.

1,100명의 작가들은 모두 출판사에 자신의 원고를 투고하고, 인세 계약을 맺고 책을 출판하고 있다. 단 한 명도 '자비출판'은 없다. 그만큼 객관적으로 인정받는 원고를 쓸 수 있도록 코칭을 하고 있다. 출간하고 난 후, 간혹 얼마의 비용을 지불하고 책을 출판했냐고 하는 질문을 받곤 한다. 그런 일이 없으니 알 수 없는 일이다.

최고의 코치란, 가르침을 받은 그 일이 결과로 제대로 이어지게끔 만들어주는 사람일 것이다.

간단하지만 간단치 않은 일이기에 우후죽순으로 많은 코치들이 책쓰기를 강의하고 있는 것을 어렵지 않게 찾아낼 수 있다. 비슷한 코칭의 프로세스들이 수강생을 모으고 있는데, 출간된 책들의 주제는 〈한책협〉의 책들과는 많은 차이가 있다.

처음에 출간 목표를 세운 나도 여타의 많은 코칭 센터들의 책처럼, 일기나 에세이 종류를 내고 싶었다. 책의 주제를 정할 때부터 최고의 코치인 김태광 대표님의 안목은 역시 달랐다. 작가가 써내는 책은, 퍼스널 브랜딩의 최고봉이니 만큼, 언제든지 쓸 수 있는 수필보다는 스스로의 이야기를 써야 한다는 것이었다. 출간한 책 한 권이 평생의 자산으로 멀리 보아서는 메신저의 역할을 하는 명함이고 자격증이라는 것이다. 미래의 계획엔 메신저나 강연가는 아직 색깔이 칠해져 있지 않았기에 마음에 깊게 와닿지 않았었다. 그만큼 책 한 권을 출간하는 과정에서 한 번의 출간으로 끝내고 마는 것이 아니라, 인생 전반에 영향을 미칠 만큼 큰 그림을 그리고 시작하는 것은 최고의 코치가 아니면 생각도 기획도 할 수 없는 코칭이다.

직장 근무를 하고, 주말에는 해도 해도 끝이 없는 밀린 집안일을 하거나, 식구들의 식사를 준비하거나 간단한 산행이나 외식을 한다. 주말이 근무할 때보다 더 힘든 시간표가 되는 것은 주부들이라면 고개를 끄덕이고 수긍할 것이다. 고령의 엄마가 도와주시는데도 주말은 여전히 주부인 나의 몫으로 남는 일들이 많다. 이 황금 같은 시간을 오롯이 가족여행이나, 나를 계발하는 일들에 쓸 수 있다면 얼마나 많은 시간을 더 멋지게 쓸 수 있을까 하는 생각을 자주 하곤 한다. 얼마 되지 않은 작은 살림을 시간제 도우미까지 써서 꾸려가는 것은 아직 나 자신이 결정을 못 하고 있다. 아직도 시간을 돈으로 바꾸는 우를 범하는 안타까운 일 중의 1가지이다. 즐기면서 한다면 이야기가 다르지만 그렇지 않을 때는 하루만이라도 도우미님의 도움을 받아도 엄청 달라질 것이라는 생각만 할 뿐이다.

    뒤돌아 제일 후회되는 일이 있다. 내 시간을 돈으로 바꾼 일이다. 돈으로 시간을 가졌어야 하는데 거꾸로 살았다. 돈은 벌면 되지만 시간은 어떤 방법으로도 살 수가 없다.

    책을 쓰는 일은, 평생에 걸친 큰 이벤트고 사건이다. 어떤 코치를 만나느냐에 따라 시간을 버리는 것은 물론 금전적인 손실이 있을 수 있다. 더큰일은, 강연이나 메신저로 연결되는 책이 아닌 하루의 습작에 머무는 책을 쓰고 꿈이 사그라지는 것을 경험하는 것이다.

    성공적으로 책을 출간한 많은 작가들을 표본으로, 최고의 코치에게 배워 돈과 시간을 아끼자!

08

미래가 불안하다면 당장 책부터 써라

오늘만 살자?

한동안 "카르페디엠"이라는 말이 유행했었다. 영화 〈죽은 시인의 사회〉에서 교사 역할인 영화배우 로빈 윌리엄스가 학생들에게 해주는 말, "현재를 즐겨라"이다.

세기말 증상이라는 히피나 마약 등, 앞으로 올 미래는 저세상 이야기인 양 오늘에 미쳐 돌아가는 증상이 20세기를 흔들었던 적이 있었다. 위성이 지구와 충돌해서 1억 년이 넘는 나이의 지구는 흔적도 없이 사라질 거라는 '지구 멸망론'이 대세인 적이 있었다. 정말 심각하게 어떤 사과나무를 심어야 될지 고민했었던 때였다. 오지 않을 것 같았던 2000년을 지나, 2021년이고 이제 두 달도 남지 않은 11월의 만추이다. 억지로 시계 바늘에 꿰어놓지 않았다면 시간이라는 존재는 잡을 수도, 볼 수도 없는 신기한 존재로 남아 사람의 얼굴에 잡혀가는 주름만 셀 수밖에 없을 수도 있었을지 모른다.

미래가 불안한 사람은 누구일까?

일생일대의 전환점일 수도 있는 수능을 앞둔 고3 학생, 결혼을 해야 하나 말아야 하나 고민 중인 30대 후반의 청춘들, 퇴직을 목전에 둔 50대의 가장, 퇴직금마저도 자영업 부실로 폐업한 60대의 초로가 있겠다. 그리고 이 글을 쓰고 있는 나이다. 그러고 보면 태어나면서부터 존재를 알리는 울음으로 삶을 시작하는 아기들도 엄마의 탯줄과 떨어지면서부터 불안할 것이다. 아프면 병원에 가고 약을 먹듯이, 불안하다면 불안하지 않도록 조치를 취해야 한다. 하지만 어떤 조치를 취해야 하는지 모르면서부터 미래에 대한 불안은 정체 모를 두려움으로 덩치를 키워가며 거의 전 생애를 걸쳐 괴롭힌다.

조부모님이 말씀하시곤 하는 대동아 전쟁(제2차 세계대전)과 6 · 25전쟁을 겪은 세대들은 미래에 대한 불안을 6개월 치~1년 치의 식품을 사서 저장하는 것으로 준비하셨다. 그다음 세대인 우리의 부모님 세대는 불안한 미래를 연금(거의 중간에 해지)이나 적금, 불패신화의 부동산(한 채의 자가)으로 준비하시려고 평생을 노력하신다.

그러면, 현재의 우리들은 어떤 준비를 할 수 있을까? 인구가 줄어들고 있으니 큰 집도 나중에는 필요치 않을 것이라고 미래학자들이 말한다. 점점 현실화폐의 기능이 퇴화하고 가상화폐가 큰 비중을 차지하게 될 것이라고 한다. 국가복지가 개인을 책임지는 정도까지 간다 하니 2050년 정도라면 개인 저축도 그다지 의미가 없단다. 마치 미래 영화를 보는 듯한 장면들이 그려진다. 그런데 그게 사실이라고 많은 학자들이 조언하고 준비하라고 한다. 도대체 어떤 준비를 해야 하고, 할 수 있는지는 다 빼먹고 미래에 대한 불안감만 조성하는 것 같아 얄밉다. 정작 그런 조언을 하는 학자들, 본인은 어떤 마음가짐으로 어떤 준비를 하는지 속 시원히 알려주면 좋겠건만 한마디도 없는 걸 보면, 분명 자신들도 모르는 것 같다.

여기서 그냥 지나치면 안 되고 꼭 짚고 넘어가야 할 일이 있다. 무척 개인적인 사회로 바뀌는 것 같지만, 서로의 관계는 더 친밀해지고 연결되어 있는 망으로 이어진 듯한 느낌을 지울 수가 없다. 인간은 서로의 관계가 아니라면 무척이나 힘들어하는 사회적인 존재임을 다시 한번 깨달을 수 있는 것이다.

내가 제일 잘한 일은 책을 쓴 일이다

코로나19 감염병 시대를 겪는 지금, 많은 사람들이 거리두기로 인해 단절된 교류, 끊어진 사회생활을 얼마나 힘들어하고 있는가 말이다. 그래서 더욱 발전을 앞당기게 된 것이 '온택트 시대, 언택트 시대'이다. 실제 만나는 오프라인보다 가상공간인 온라인에서의 생활이 훨씬 많은 시간을 차지하고 있다. 백화점이나 마트의 장보기도 실제 공간보다 온라인에서의 주문과 실적이 훨씬 많다고 한다. 우선 나부터도 시장 방문보다는 온라인 마켓의 주문과 배송을 즐겨한다.

불안한 미래의 준비를 온라인 마켓으로 해볼까? 많은 사람들이 구상하는 방법 중 1가지이다. 영업을 해보지 않은 사람들은 장사하는 불안감, 해보지 않은 영업의 불안이라는 또 1가지의 불안감을 갖고 아슬아슬하게 시간의 테두리를 견뎌보기로 한다.

10인, 100인, 모든 사람이 가지고 있는 모두의 불안감을 자신의 이야기로 녹여내는 방법이 있다. 내가 가진 경험과 지식을 함께 공유하면서 필요한 사람에게는 메신저가 되어주는 것이다. 앞으로의 시대는 온라인 메신저의 세계가 될 것이고, 그렇게 되어야 한다고 저명한 작가 겸 메신저인 브랜든 버쳐드도 베스트셀러인 자신의 저서 『백만장자 메신저』에서 주장하고 있다. 책은 누구나 인정하는 최고의 명함이고 자격증이다. 그렇게 시작하면 된다.

〈한책협〉의 김태광 대표님은 늘 코칭에 앞서 당부한다. "제발 그만 읽고 써라!" 머릿속에 가슴속에 지금처럼 그래 왔듯이 쑤셔 넣지 말고, 지금까지의 본인의 것들을 모두 꺼내라고 이야기한다.

하루에 한 줄을 쓰고, 느낌을 적고, 그렇게 채워진 본인의 느낌이 지혜가 되어 타인에게 도움을 줄 수 있다면 최고의 메신저가 되는 책을 쓴 것이다.

〈한국석세스라이프스쿨〉의 권 대표님은 그 작업을 '나 드러내기'로 명명한다. 세상에 나를 드러내야만이 스스로를 브랜딩해서 나의 책이 명함이 되고, 자격증이 되어 당당하게 나를 세운다고 늘 당부하고 지도하신다.

'책'은 스스로를 세상에 내놓는 가장 확실한 방법이고, 마케팅이다. 어느 다른 것이, 오롯이 자기 전체를 이렇게 드러내기를 잘할 수 있는 방법이 되겠는가 말이다.

어제는 지나가 버린 바람이고, 내일은 오지 않은 무지개이다.

알 수 있는 것은 오늘뿐이다. 그렇다고 의미 없이 즐거움만 있는 오락만 할 수도 없는 일이고, 그렇게 한심하게 시간을 써버린다면 오늘이 된 내일에게 호되게 당할 수도 있다.

매일 오늘이 되어 열리는 내일을 위해 유일하게 할 수 있는, 눈에 보이는 준비는 책쓰기이다. 조금만 관심 있게 살피면, 책을 낸 후의 행보는 다양하다. 계속 집필만 할 수도 있다. 조금 더 용기를 내서, 강연자나 메신저가 된다면, 가장 성공적인 책을 쓴 작가가 된 것이다.

내가 해온 일, 제일 잘한 일, 제일 잘할 수 있는 것들을 담담하게 적으면 된다. 한 줄, 한 줄 진솔하게 적어나가면 된다. 솔직하고 담담하고 당당하게 풀어쓰기만 하면 된다. 미사여구는 세계의 유명한 시인이나 소설가가 쓸 것이니, 남의 것까지 쓰려 하지 말고 나의 이야기만 쓰면 된다. 그것으로 충분하다. 나의 생각과 지혜를 누군가는 간절히 찾아 헤맬 수도 있는, 귀한 것이다. 그렇지 않더라도 시간이라는 필터를 통과해야만 숙성되는 경험과 지혜는 타인과의 비교가 의미 없이 존재하는 그 자체로 전문가인 것이다. 되도록 조금 더 일찍, 조금 더 빨리 서두르길 바란다. 세상에서 아낄 것은 '시간'과 '건강' 이외에는 아무것도 없다.

언제라도 책을 쓰는 일은 정말 멋지고 위대한 일이다. 그 대단한 일을 한 과실을 따서 즐길 시간을 남겨두어야 한다. 그야말로 '버킷리스트'로 미루고 미루고 해서 세상 마지막 시점에 써낸다면, 물론 그것도 대단한 작업을 한 것이지만 나로 인해 내가 조금 더 즐길 수 있는 많은 행복을 생략해야 할 수도 있기 때문이다.

스스로의 미래를 위해서는 이제 그만 읽고 책을 쓰자! 미래가 불안하

내
인생에서

4장

박성지

가장
찬란했던
3개월의 시간

박성지

약력 : 내과 전문의, 동기부여가, 강연가, 유튜버로서 자신의 인생 스토리
를 전하며 삶의 목적이 무엇인지에 대한 인생공부의 여정을 사람들
과 나누고자 한다.

저서 : 『꿈꾸는 의사의 공부 루틴』

01

〈한책협〉이 나를 구원했다

나는 매일 아침 눈을 뜨는 순간이 기쁘지 않았다. 알람이 시끄럽게 울려대면, '또 하루가 시작이구나.', '오늘은 또 어떤 일이 나한테 일어나 마음을 어렵게 할까?'라는 생각이 무의식적으로 떠올랐다. 인턴, 레지던트 4년이라는 시간 동안 나는 늘 1분 대기조의 생활을 보냈다. 나를 찾는 콜이 오면, 나는 모든 일을 중단하고 달려가는 삶을 살았다. 어떤 위급한 상황이 펼쳐질지 나는 알 수 없다. 초조하게 대기하며 무사하게 하루가 지나가기를 바라는 마음이 간절할 뿐이었다. 그래서 정상적인 수면을 이루기 어려웠다. 야간 당직으로 일을 하게 되면 잠을 거의 못 잤다. 수명을 갉아먹는 스케줄이 반복되다 보니 삶의 패턴이 되고, 익숙해졌다. 그런 일상이 당연한 것이라 표면적으로 인식했고, 무리 없이 해내었다. 하지만 나의 깊은 무의식 속에서는 이 생활이 나의 자유를 억압한다고 느꼈던 것 같다.

어느 하루는 아침부터 급한 콜을 받은 적이 있다. 레지던트의 정규 출근 시간은 7시였지만, 오전 회진 준비를 위해서 나는 적어도 6시 30분 전에 출근하였다. 새벽 6시 즈음, 집에서 잠을 자고 있는데, 전화가 계속 울리기 시작했다. 오전 7시부터 정규 콜을 받는 시간인데, 6시부터 병동에서 전화가 울린 것이다. 무엇인가 예감이 좋지 않아 전화를 얼른 받았다. 당시 당직을 돌고 있는 선배 레지던트가 콜을 받지 않는다는 것이었다. 내가 주치의로 보고 있는 환자분이 수축기 혈압이 80대로 갑자기 떨어졌다고 콜이 왔다. 급한 대로 처치실로 환자를 옮기고, 수액을 로딩하고, 급한 대로 심전도를 촬영해달라고 구두 오더를 내렸다. 벌떡 일어나 눈곱도 떼지 못한 채, 병원으로 달려갔다. 다행히 환자분이 더 나빠지는 상황이 아니었다. 아침을 다급한 업무 콜로 시작하다 보니, 아침을 기대하고 싶지 않았다.

하루의 시작이 기쁘지 못하였던 것처럼, 하루의 마지막도 병원에서 콜이 종종 왔다. 퇴근하여도 내가 빠뜨린 일이 있거나, 당직 의사나 교수님에게 환자 관련하여 확인할 것이 있으면 밤늦게도 전화가 걸려왔다. 또한 내분비내과 수련을 돌 때, 입원 환자의 당 조절을 위해서 하루 세 번 업무 콜을 받아야 했다. 주말 오프여도 콜을 받아야 한다는 생각이 드니, 병원 일을 잊고 나의 시간을 충분히 보내기가 어려웠다. 나는 이런 삶이 그저 당연한 일이라고 생각했다. 많은 사람들이 이겨내는 당연한 일이고 가벼운 일이라고 여겼다.

나는 밤에는 깊이 숙면을 취하고, 아침에 일어나면 즐거운 마음으로 하루를 시작하고 싶었다. 그리고 누구에게 방해받지 않은 나만의 시간, 공간을 갖고 싶었다. 그러나 모든 생활이 철저히 병원 생활 중심으로 돌아갔기 때문에, 나를 버리는 편이 쉬웠다. 나를 포기하고 환자와 병원에 집중해야 마음의 갈등이 일어나지 않았다. 내 불편한 마음들은 심해와 같은 무의식의 바다에 깊이 잠들게 되었다.

전공의 다음으로 바로 이어진 전임의 생활을 시작했다. 레지던트 생활이 끝났지만, 마음의 습관은 떠나지 않았다. 시간이 조금씩 여유로워지기 시작했지만, 마음은 여전히 여유롭지 못했다. 나의 무의식 저편으로 억눌려 있던 감정들이 오히려 불쑥불쑥 튀어 올랐다. 진료를 보면서 새롭게 마주하는 상황이 두려웠다. 다시 분과 질환을 공부해나가야 하는 것이 마음의 짐으로 작용했다. 다시 인턴으로 돌아간 것 같은 느낌이 들었다. '공부에는 정말 끝이 없구나.', '나는 늘 부족한 존재이구나.'라는 생각이 들었다.

전임의 생활을 하며 논문 통계 작업에 참여하게 되었다. 내가 분과 공부를 하고 있는 것인지, 통계학과에 입학했는지 모를 정도였다. 최선을 다해 주어진 일을 해내어도, 돌아오는 것은 더 많은 업무였다. 부족함만 드러나는 냉담한 평가 앞에서 마음은 얼음장처럼 차가워졌다. 숨이 턱턱 막혔고, 하루하루가 불행해지기 시작했다. 나에게 펼쳐지는 여러 상황들은 결국 내 마음 안에서 펼쳐지는 일이었다. 숨겨왔던 나의 억눌린 감정들이 제발 알아달라고 외치고 있었다. 어느 날 참다못해 '두려움', '수치심', '불안함', '슬픔', '속박', '분노', '나약함', '열등감', '우울함' 등 모든 종류의 부정적인 감정들이 폭발해버렸다. 삶을 정직하고 성실하게 살아가는 나에게, 왜 이렇게 힘들게 하는 환경이 계속 펼쳐질까 너무 답답했다. 눈물이 멈추지 않았다. 주변 사람과 환경에 모든 불평, 불만을 쏟아내고 있었다. 내가 알아차리지 못했던 숨겨진 모습들이었다.

나는 내 인생에서 벼랑 끝에 서게 되었다. 이대로 가다가는 정말 마음과 몸에 문제가 생길 것 같은 느낌을 받았다. 인생의 가장 큰 위기 앞에 서게 된 것이다. 나의 힘든 상황에 대하여 친구, 가족들에게 다 털어놓기란 쉽지 않았다. 좋은 에너지를 나누어도 모자랄 판에, 부정적인 내 경험과 감정을 전달하고 싶지 않았다. 갈급한 심정으로 나는 내가 믿는 신에게 도움을 간절히 요청했다.

신은 나를 버리지 않았다. 나의 간절한 기도 가운데 만나게 된 인연은 바로 〈한책협〉이었다. 〈한책협〉의 대표이신 김태광 대표님은, 유튜브 채널 〈킴도사〉를 통해 알게 되었다. 대표님의 무일푼, 무스펙에서 150억 자수성가 부자가 된 성공 스토리가 마음에 크게 와닿았다. 나보다 더 힘들게 살아오신 인생 이야기를 듣게 되니, '내가 지나온 삶은 양반이었구나.'라는 생각이 들었다. 책쓰기를 통해 인생을 바꾸신 김태광 대표님처럼, 나도 나만의 책을 쓰고 싶다는 마음이 강하게 들기 시작했다. 그리고 인생의 좋은 기회를 나 스스로 만들어 나가겠다는 열망이 생겼다. 인생에서 마주하는 시련과 역경을 극복하고, 나의 영혼의 꿈을 찾아 나서기로 결심했다. 그렇게 〈한책협〉을 만나게 되었고, 책쓰기 과정을 듣고 책을 통해 내 마음을 들여다 볼 수 있는 일생일대의 기회를 마주하게 되었다.

원고를 쓰면서 메말랐던 감정에 생기가 돌았다. 혼자서 소리 내어 웃다가, 펑펑 울다가를 반복했다. 지금껏 무엇보다도 중요한 내 마음을 무시한 채로 살아왔다는 것을 명확하게 깨닫게 되었다. 그동안 무심함으로 돌보지 못했던 마음에게 정말 미안했다. 내 마음을 스스로 알아주지 못하면 누가 알아줄 것인가. 〈한책협〉을 만나 책쓰기를 배우고, 책을 출간하게 된 것이 내 인생의 '신의 한 수'였다.

책쓰기 과정을 시작하면서 마음의 다짐을 했다. 주변으로부터 나 자신에게 시선을 돌리기로 마음을 먹는 것이었다. 이제는 내 마음의 떠오르는 모든 생각과 감정을 있는 그대로 바라보고 알아차려주기로 했다. 평소에 나는 주변 사람들의 시선에 무척이나 예민했다. 다른 사람에게 좋은 평가와 인정을 받고 싶은 욕구가 마음속에서 올라왔다. 지인, 가족들의 시선이 두려운 마음 또한 느껴졌다. 한편으로는 책을 완벽하고 멋지게 쓰고 싶은 마음도 들었다. 책을 쓰며 마음속에서 일어나는 모든 일들이 의식의 수면 위로 오르내리기를 반복했다. 마음을 알아차리며 자유로운 상태에서 즐겁게 원고를 쓰고자 노력했다.

원고가 잘 써졌던 순간을 돌아보면, 나의 이야기를 솔직하게 담아내고자 했을 때였다. 나의 있는 모습 그대로를 글로 술술 풀어내니, 막힘없이 원고가 쓰였다. 나에게 온전히 집중하는 시간이 펼쳐지니 그동안 있었던 일들이 영화의 장면처럼 스쳐 지나갔다. 불행하고 슬픈 필터에서 행복하고 보람찬 필터로 갈아 끼워 바라보았다. 모든 순간, 모든 만남, 모든 장소는 사랑으로 가득 차 있었다. 따뜻한 시선이 늘 머무르고 있었음을 알았다. 즐거웠던 추억의 장면에서도, 아무도 모르게 숨죽여 울고 있었던 아팠던 날도 한결같은 사랑이 존재함을 느끼게 되었다.

책쓰기라는 도구를 통해 나의 인생을 풀어내고, 응어리진 마음을 치유하는 시간으로 보낼 수 있었다. 〈한책협〉과 김태광 대표님을 만나게 되어 나는 인생의 큰 전환점을 맞이했다. 움츠려든 마음을 펴고, 나의 아름다운 모습을 지긋이 바라볼 수 있는 용기가 생겼다. 나 스스로가 힘든 삶을 선택하고, 힘든 사람과 상황, 환경을 만들고 끌어당겼다는 것을 발견했다. 더 이상 나는 힘든 삶을 살지 않아도 된다는 것을 깨달았다. 이제는 내가 해오던 불행의 사이클을 멈추고, 행복의 사이클을 타기 시작했다.

진정으로 절망과 위기의 구렁텅이에서 건져진 느낌이 들었다. 늪에 빠졌을 때는 스스로 빠져나오려고 하면 점점 더 깊이 빠져 들어간다. 누군가가 위에서 건져올려 주어야 늪에서 벗어날 수 있다. 그렇게 〈한책협〉은 내가 만들어놓은 불행의 늪에서 나를 구원해주었다.

책을 쓰면서 나는 매일 좋아지고 있음을 느낀다

처음에 책쓰기를 시작하면서 가장 먼저 들었던 감정은 '막막함'이었다. 'A4 용지로 100페이지가 넘는 분량을 어떻게 써야 하지?' 정말 막막했다. 제목과 목차를 주시하며 내가 어떤 이야기를 하고 싶은지를 계속 질문했다. 질문을 계속해도 막연한 느낌만 들 뿐 영감이 크게 떠오르지 않았다. 책의 제목과 목차가 나왔지만, 세부적으로 글을 어떻게 채워야 할지 조바심이 났다. 책쓰기가 해야 할 과제가 되어버리니 마음의 부담감이 날로 커졌다. 바쁜 일상 속에서 부담감을 느껴버리니 책쓰기가 어렵게 다가왔다. 어려운 숙제가 내 앞에 생겨버린 느낌이 들었다. 그래서 처음에 원고를 쓸 때는 간신히 일주일에 2~3페이지 써내었다. 이럴 의도로 책쓰기를 시작한 것이 아니었으며, 즐겁게 책을 쓰고 싶은데 마음처럼 잘 되지 않았다. 〈한책협〉에서 책쓰기 과정을 배운 후, 빠르면 2주 안에도 원고를 완료하는 선배 작가들이 있었다고 들었다. 어떻게 그렇게 빠르게 썼을까! 대단하다는 생각 앞에 의심도 들기도 했다. 나는 그렇게 글쓰기를 잘하지도, 빠르게 쓰지도 못한다고 자책하기도 하였다. 자심감이 떨어지고 속도가 잘 나지 않은 모습을 보며 책쓰기 코칭을 해주신 〈한책협〉의 김태광 대표님께서 카톡을 보내오셨다.

"성지 작가, 완벽함을 버리기."

짧은 글귀 안에 나의 모습이 모두 들어 있었다. 나는 글을 완벽하게 쓰려고 안간힘을 쓰고 있었다. 그리고 나의 글에 좋은 교훈이 담겼으면 좋겠다는 염원이 가득했다. 조금 부족해도, 교훈 없이 실패담이 들어 있어도 상관없는데 말이다. 책을 쓰면서도 나의 습관이 드러나고 있었다. 나는 그저 존재 자체로 멋진 사람인데, 나의 존재를 부정하며 늘 멋진 모습이 되고자 했다.

나는 어릴 때부터 완벽주의 성격이었다. 내가 추구하는 완전함과 짝을 지어 불완전함을 느끼는 순간이 늘 함께 있었다. 하지만 나는 불완전하고 부족한 나의 모습을 인정하고 싶지 않았다. 내가 잘하고, 인정받고,

완벽한 모습만을 좋아하게 되었다. 그러다 보니 불안감이 자주 들었고, 여러 사람 앞에서 말하거나 발표하는 것에 어려움을 느꼈다. 중학교 3학년 때 리코더로 음악 실기 평가를 할 때였다. 친구들 앞에서 리코더 연주를 혼자 해야 했는데, 크게 긴장해서 손가락이 덜덜 떨렸다. 어떻게 곡을 연주했는지 싶을 정도로 아찔한 순간이었다. 그 이후로부터 무대 공포증이 생겨, 발표하는 것이 크게 두려웠다. 학교 생활을 하면서 여러 발표의 기회에도 쉽게 고쳐지지 않았다.

원고 집필을 하며 불완전한 나의 모습도 인정해주기 시작했다. '못해도 괜찮아. 내 안에 완전한 모습과 불완전한 모습 둘 다 사랑해주자.', '엄마의 품처럼 따뜻하게 마음을 안아줘보자.' 스스로 되풀이하며 마음을 토닥토닥 안아주었다. 크게 심호흡하며 고요한 시간을 보내었다. 집에서, 카페에서 마음을 위로해주는 음악을 들으며 편하게 노트북을 꺼내고 한 자, 한 자 쓰기 시작했다. 마음을 알아줄수록 자연스럽게 마음이 글에 스며들었다. 집중해서 마음을 펼쳐내니 하루에 A4로 12페이지는 거뜬하게 쓸 수 있었다. 원고를 즐겁게 쓰는 방법을 익히게 되니 책쓰기에 대한 생각이 바뀌게 되었다. 책쓰기가 재밌고 즐거운 일이 되었다. 어렵고 해야 할 과제라는 생각은 어느새 깨끗하게 사라져 있었다. 나의 소중한 삶의 경험이 담긴 소중한 나의 '보물'이 되었다. 그리고 나의 이야기를 전해주는 메신저가 되어주었다. 내가 일일이 말을 하지 않아도, 글로 풀어 쓴 나의 이야기가 많은 이들에게 읽힌다고 생각하니 정말 가슴이 벅차오르기도 하였다.

책쓰기를 하면서 매일이 기다려지고, 어떤 이야기가 글로 쓰일지 기대되었다. 원고 내용을 미리 구상해두고 시작하지만, 영감을 받다 보면 글의 내용이 자연스럽게 새로운 내용으로 채워졌다. 목차 하나, 하나 서로 다른 이야기들이 점처럼 따로 떨어져 있었지만, 내가 말하고 싶은 일관된 메시지로 연결되는 것이 신기했다. 억지로 의도하지 않아도 자연스럽게 이야기들이 하나의 선으로 연결되었다.

책을 쓰면서 생각을 자유롭게 하기 시작했다. 편견을 버리고, 머리가 아닌 가슴이 시키는 대로 따라가기 시작했다. 책쓰기에 동원된 사례들을 돌아보며 여러 사람들과의 만남을 떠올리게 되었다. 이 땅에 태어나 엄마, 아빠, 가족들, 친구들, 동료와 지인들 등 소중한 이들과 나를 이어준 수많은 연결고리들이 떠올랐다.

인생을 살아오면서 나를 가장 힘들게 했던 것은 '인간관계'였다. 거절하지 못하는 나는 상처를 받을까 전전긍긍했다. 사람을 조심하려고 무진장 애를 썼다. 내가 버거울 정도로 힘든 상황이 예상되면 미리 예방조치로 차단하고자 노력했다. 쉽게 놀라며 큰 토끼 눈으로 마음의 빗장을 걸어 잠그고 보초를 서는 것처럼 두리번거렸다. 조금이라도 마음에 맞지 않은 낌새가 느껴지면 방어 태세를 갖추었다. 공격할 엄두가 나지 않으면 최선의 방어를 하고자 마음의 성벽을 높고 두껍게 쌓아 올렸다. 그 결과로 다른 사람들과 소통하는 것이 쉽지 않았다. 나를 해칠지도 모른다는 무의식의 생각이 있으니, 편하게 다가가지를 못했다. 다른 사람과 친해지고 싶지만, 방어도 해야 하는 혼란스러운 상태였던 것이다.

나의 관점으로만 바라보았던 인간관계를 뒤집어 바라보았다. 나만 생각하는 관점에서 벗어나 상대방의 입장이 되어 바라보았다. 상대의 의도, 느꼈을 감정들을 순수하게 느껴보았다. 그렇게 하니 오해로 인한 상처와 흉터로 변해버린 마음의 살갗조차도 새로워졌다. 나의 영혼이 추구하는 사랑과 자유, 평화가 찾아왔다. 그리고 나의 마음과 상대의 마음이 크게 다르지 않다는 것을 발견할 수 있었다. 모든 사람의 영혼은 존재의 근원인 신으로부터 왔다. 모든 사람의 영혼은 결국 하나의 근원적인 에너지에서 떨어져 나온 조각이다. 그러므로 모두는 본질적으로 연결되어 있는 존재인 것이다.

책을 쓰면서 나의 존재와 나와 함께하는 존재들에 대해서 조금씩 마음의 문을 열어나갔다. 매일 더 좋은 기분과 감정으로 바라볼 수 있었다. 그동안 나를 지탱했던 사회적 분위기, 종교의 틀, 주입식 교육문화를 천천히 벗게 되었다. 마음이 참 자유로워지고 기뻤다. 진정한 기쁨을 추구하며 나의 영혼이 즐겁게 노래하고 있는 것 같았다.

내가 마음이 아프다고 말하니, 누군가는 나에게 정신과 진료를 받으러 가라고 말했다. 나는 처음에 그 말을 듣고 크게 놀랐다. 어떻게 나한테 정신과 진료를 보라고 할 수 있을까 하는 마음이 들어 화가 나기도 했다. 하지만 나도 진료를 보면서 마음이 힘든 환자분들에게 정신과 진료를 권

했던 것이 생각이 났다. 상담과 약물치료 등 체계적인 정신과 진료를 받는 것도 좋은 방법이다. 그렇지만 본질적으로 마음을 돌보며 회복탄력성을 갖춰나가는 것은 누가 해줄 수 없는 것이다. 내 몫은 내가 처음부터 끝까지 완수해야 한다. 나는 정신과 진료를 보지 않고도 책쓰기를 통해서 마음을 들여다보며 나의 아픔을 돌아보고 치유할 수 있었다. 마음의 짐을 내려놓고 홀가분하고 즐겁게 하루를 보낼 수 있게 되었다.

책쓰기를 시작한 이후로 나는 의사의 삶만 살다가, 작가의 삶을 시작하여 살아가고 있다. 나의 이야기를 한결같이 풀어내는 작가의 삶은 정말 아름답다. 작가는 아티스트, 예술가이다. 보이지 않은 것을 보이는 글로 창조해내는 창작활동을 하는 사람이다. 보이지 않은 나의 마음을 보이는 글로 드러내는 것은 참 기쁘고 행복한 일이다. 잠자고 있었던 나의 예술성도 다시 끓어오르고 있음이 생생하게 느껴졌다.

잠잠히 내면을 들여다보니 내 안에는 수많은 '나'가 있었다. 겉으로는 새롭게 느껴지지만, 마음 깊은 곳에 숨겨져 있어 드러나지 않았을 뿐이었다. 아팠던 내 마음도 매일매일 조금씩 좋아지고 있었다. 지난날 수고롭게 쌓아온 무거운 짐을 내려놓을 수 있었다. 마음의 걱정, 두려움을 있는 그대로 바라보아주니 저절로 내려놓을 수 있었다. 두려움의 이면에 가려진 사랑이 내 안에 충만해졌다. 사랑이 가득한 책쓰기를 통해 나의 아름다운 모습을 들여다보는 소중한 기회가 매일 찾아오고 있다.

03

내 인생의 혁신은 책쓰기에서 시작되었다

나는 익숙한 것을 좋아하고, 변화를 그다지 좋아하지 않았다. 무엇인가를 새롭게 배우고 도전하기보다 주어진 것을 반복하는 것에 안정감을 느꼈다. 새로운 상황이 펼쳐지면 궁금해하고 설레는 마음보다는 걱정이 앞섰다. 나의 인생은 '도전'과는 크게 거리가 멀었다. 겁이 많았던 어릴 적 나는 주어진 울타리 안에서 열심히 사는 인생을 선택했다. 안전한 것을 늘 추구했고, 진로도 안정적인 방향으로 계획하고 이뤄나가고자 노력하며 살았다.

의대생 시절의 끝자락인 6학년 방학에 제주도로 나 홀로 여행을 떠난 적이 있었다. 혼자 여행을 처음 가보게 되어 설렘 반, 두려움 반으로 여

행을 시작했다. 거기서 만난 게스트하우스 주인 아저씨가 있었다. 그분
은 나에게 이런 말씀을 하셨다.

"대한민국에서 손에 꼽히는 안정적인 삶을 살아오셨네요."

나는 이 말을 듣고 잘 이해가 되지 않았다. '내가 그동안 얼마나 힘든
역경을 헤치고 왔는데, 말하기는 참 쉽지.'라는 생각이 들었다. 처음에는
나와 다른 생각을 하는 주인 아저씨의 이야기가 귀에 잘 들어오지 않았
다. 그런데 계속 대화를 하다 보니, 다른 직업을 가진 사람의 눈에는 내
가 그렇게 비칠 수 있다는 것을 처음 알았다. 나의 모습에 대하여 주관적
인 시선에서 객관적인 시선으로 바라볼 수 있었던 시간이었다.

당시 제주도 여행을 하며 렌터카를 타고 돌아다녔다. 운전하는 상황에
서도 나의 성격이 여실히 드러났다. 온통 처음 가는 길뿐이라 내비게이
션의 안내를 따라서 조심스럽게 진입하며 주위를 여러 번 살폈다. 때로
는 내비게이션이 보여주는 길도 믿어지지 않아, 되려 잘못된 길에 들어
서기도 하였다. 큰 사고가 나면 어떻게 할지 걱정되는 마음이 한가득 들
어서 운전할 때 무서운 마음이 올라왔다. 혼자서 떠난 즐거운 여행을 상
상했는데, 운전하며 긴장하는 탓에 만만치 않게 피로감이 올라왔다.

나는 성실하고 안전한 삶을 추구하며 살아왔다. 안정감을 힘써 추구하

여도 마음의 불안과 두려움은 좀처럼 씻어지지 않았다. 오히려 두려움을 느끼는 상황은 계속되었다. 두려움의 순간으로 매몰되면 지독하게 눈물을 뱉어내고, 힘들지만 다시 일어나 걸었다. 내가 할 수 있는 것은 그것뿐이었다.

의과대학 6학년 때는 국가고시를 준비하며, 그동안 고민한 진로에 대해 인턴을 수료할 병원을 선택할 기로에 선다. 나는 서울에 있는 병원에 가고 싶은 마음이 컸다. 서울 라이프를 보내면서 인맥도 넓히고 경험도 크게 하고 싶었다. 나의 마음속에서는 큰 갈등이 일어났다. '혈혈단신 서울로 올라가서 모진 생활을 힘들게 겪을 것인가', '가족들과 동기들, 모교의 울타리 안에서 보살핌과 도움을 받을 것인가'라는 질문이 떠올랐다. 그리고 가만히 내 마음속에서 내가 중요하게 생각하는 가치를 들여다보았다. 나를 지지해주는 지지 체계인 '가족'과 '모교'가 알지 못하는 세계에 대한 '도전'보다 더 가치 있게 느껴졌다. 한 달 동안 밤잠을 이루지 못하며 고민한 끝에, 결국 모교 병원에 남기로 선택하게 되었다.

나는 인생을 살아오면서 '도전'이 주는 불안함을 느끼고 싶지 않았다. '도전'을 통해 설렘과 살아있음을 느끼고, 역경을 극복하는 성취감에는 별로 관심을 두지 않았다. 그렇게 하지 않아도 충분히 불안하고 두려운 상황이었기 때문이다.

'혁신(革新, Innovation)'의 사전적 정의를 찾아보면, '묵은 풍속, 관습,

조직, 방법 따위를 완전히 바꾸어서 새롭게 함'이라는 의미이다. 인생에 있어 '도전'이라는 단어보다 더 본질적인 변화를 일컫는 단어이다. 나는 책쓰기를 통하여 나의 인생의 '도전'을 넘어선 '혁신'을 하게 되었다.

30년의 세월 동안 강하게 붙잡고 있던, 나를 구성하는 틀을 헐고 새로 세우는 작업을 시작하게 된 것이다. 얼핏 보면 착한 아이에서 문제아로 돌변했다든가, 나이 들어 늦바람이 불어 쓸데없는 것을 하고 다닌다고 생각할 수도 있다. 다른 사람의 평가가 뭐가 그렇게 중요했던가? 내가 스스로 나를 크고 대단하게 인정해주는 것만큼 든든한 지원군이 어디 있을까. 사람들은 자기 자신을 크고 위대하다고 생각하면 망상에 빠져있다고 말한다. 사회적 시선과 문화에 나를 맞추라고 강요한다. 얄팍한 눈매로 곁눈질을 하며 다른 이의 성공을 배 아파하며 험담하기도 한다. 다른 사람의 의견과 평가에 늘 두려움에 떨고 있던 어린 시절의 나에게 이제는 자신 있게 이야기해줄 수 있다.

"성지야, 이젠 그럴 필요 없어. 모든 시선으로부터 자유하렴."

나는 나에게 진심 어린 대화를 걸어보았다. 그리고 내 마음을 들여다보며 심장에 칼이 꽂힌 것 같았던 아픔과 상처를 들여다보기 시작했다. 두렵고 화가 나고, 거부하고 싶었던 감정들이 의식의 수면 위로 천천히 떠올랐다. 내가 부정적으로 정의한 감정들을 있는 그대로 바라보았다.

그 이면의 긍정적인 감정들로 새롭게 채워나갔다. 어떤 것들도 쉽게 바꾸어줄 수 없었던, '마음의 혁신'을 시작할 수 있었다.

뉴욕타임즈 선정 베스트셀러 작가, 그렉 브레이든의 저서 『1700년 동안 숨겨진 절대 기도의 비밀』에 상처를 지혜로 바꾸는 방법에 대하여 알려주고 있다.

"인생의 진리를 찾아다니던 구르지예프는 어느 나라인지도 모르는 외딴곳의 수도원에 이르렀을 때, 마음속의 강력한 힘을 일깨울 때까지 그곳에 남아 있으라는 초대를 받았다. '그대의 마음 안에서 그 무엇으로도 파괴되지 않는 힘을 얻을 때까지 이곳에 계십시오.'라고 그의 스승이 말했다. 그 힘은 상처를 치유하는 사랑과 지혜와 공감이라고 나는 믿는다. 마음의 상처에 새로운 의미를 부여하면 평범한 시간을 뛰어넘을 수 있다. 상처에 새로운 의미를 부여하고 축복할 때 비로소 우리는 상처를 뛰어넘어 도약할 수 있다."

사람은 모든 부정적인 경험과 감정으로 인한 상처로 인해 마음의 감옥 안에 갇히기 쉽다. 이 고통을 대하는 마음가짐을 자연스러운 순환의 과정으로 받아들임으로써 상처를 지혜로 바꾸는 힘을 얻을 수 있다고 그렉 브레이든은 말하고 있었다.

상처를 걷어내고 나의 마음을 들여다보니, 무지개같이 멋진 꿈들이 가득 들어 있었다. 찢어버렸던 버킷리스트를 다시 작성하기 시작했다. 나도 꿈을 꾸고 이뤄나갈 수 있다고 보여주고 싶은 열망도 생겼다. 다른 사람에게 인정받고자 시도하는 것이 아닌, 진정으로 내가 하고 싶은 일이기 때문에 이뤄나가겠다고 새롭게 생각하였다. 인생을 새롭게 바라보며 멋지게 창조해가는 '혁신'이란 단어가 무엇을 의미하는지 이해할 수 있었다.

책쓰기는 한 사람의 인생을 바꾸어놓기에 충분하다. 인생을 송두리째 바꾸는 그 이상이다. 책을 쓴 한 사람뿐만 아니라, 책을 통해 많은 이들에게도 큰 영향력을 미칠 수 있는 엄청난 꿈의 전달자가 되어준다. 글쓰기를 좋아했던 어린 시절의 나는, 책을 은퇴할 나이가 되어 쓸 것이라 생각했다. 책쓰기란 그렇게 나이가 들고 경험이 많고, 많은 것을 이룬 후에야 쓸 수 있다고 한계를 지었던 것이다. 다행히 나는 〈한책협〉와 그 대표이신, 김태광 작가님을 만나 '책쓰기'라는 꿈을, 젊은 나이에 이루게 되었다.

책쓰기의 좋은 점은 이루 말할 수 없다. 나의 꿈이 이뤄지는 것뿐 아니라, 거짓된 '나'를 벗어버리고, 진정한 '나'를 만날 수 있는 통로가 되었다. 늙은 성공자에서 젊은 성공자가 되겠다는 새로운 시야를 갖출 수 있게 도와주었다. 진정 책쓰기를 통해 나의 인생은 과거와는 완전히 달라졌다. 앞으로도 더욱 새로운 모습으로 완성될 나의 인생이 참으로 기대된다.

내 인생에서 가장 찬란했던 3개월의 시간

나는 2021년 8월 28일, 〈한책협〉에서 진행하는 1일 책쓰기 특강을 신청하였다. 책을 쓰고 싶은 간절한 마음 하나로 강의를 듣게 되었다. 24년 동안 1,355권의 책을 기획 및 집필하신 김태광 대표님은 책쓰기에 도가 통하신 정도였다. 책쓰기 특강을 참여하며 김태광 대표님과 짧은 통화의 기회도 있었다. 김태광 대표님께서는 내게 어떤 책을 쓰고 싶냐고 물어보셨다. 나는 어떤 책을 써야겠다는 구상을 하지 못한 상태여서, 잘 모르겠지만 저의 이야기를 하고 싶다고 말씀을 드렸다. 도사님은 목숨 걸고 코칭한다는 신념하에 많은 작가들을 열정을 다해 코칭해주시는 분이었다. 김태광 대표님을 믿고 멋진 책을 출간하겠다는 강한 의지를 가지고 책쓰기 5주차 강의를 신청하게 되었다. 그렇게 〈한책협〉의 강의를 들으며 2021년 9월 23일, 책 출판 계약에 성공했고, 11월 5일에 초고를 완성할 수 있었다.

나 말고도 〈한책협〉의 책쓰기 과정을 신청한 분들은 정말 다양한 분야에서 활동하고 계셨다. 개개인의 사연도 다양하고, 분야도 정말 다양했다. 〈한책협〉으로 오시는 분들의 특징은 가장 힘든 시기를 겪고 있다는 공통점이 있었다. 마음의 병, 가난으로 인한 경제적 어려움, 관계에서의 위기 등 많은 인생의 어려움 속에 있는 분들이었다. 〈한책협〉의 대표이신 김태광 대표님의 인생 스토리를 듣고, 책쓰기를 통해 새로운 인생을 펼쳐내신 이야기는 이렇게 많은 이들에게 꿈과 희망을 주고 있었다. 평범하다 못해 인생의 어두운 시절을 보내고 있는 사람들을 만나, 목숨 걸고 책쓰기 코칭해주시는 김태광 대표님의 진실된 마음이 전해졌다.

〈한책협〉의 책쓰기 과정을 시작하며, 책을 홍보하고 나를 드러내는 방법도 함께 배울 수 있었다. 책의 제목, 목차, 원고를 어떻게 써나가야 하는지 세심하게 코칭을 받았다. 또한 블로그, 인스타그램, 유튜브 등 나의 이야기를 전하는 무대를 어떻게 활용하는지도 배울 수 있었다. 그리고 〈한책협〉과 함께 하며 가장 좋았던 부분 중 하나는 '의식'과 '돈'에 대한 공부를 함께 할 수 있다는 점이었다. 마음공부와 돈 공부는 결이 다른 것이라고 일반적으로 생각한다. 하지만 〈한책협〉에서는 둘 다 풍성하게 가질 수 있다는 것을 알려주고 있었다. 전 세계적으로 유명한 성공 스토리들, 〈한책협〉의 성공 비결이 그것을 증명해주고 있었다.

아무리 일확천금, 로또 1등이 당첨되어도 가난한 마인드를 가진 사람은 그 돈을 관리하고 잘 유지할 수 없다. 돈을 어떻게 잘 경영하고 부자의 삶으로 크게 성장해 가는 것은 마인드의 문제라는 것을 알게 되었다. 김태광 대표님은 자수성가한 150억 부자로서 "의식이 전부다."라고 늘 강조하셨다. 가난한 나의 의식을 깨우는 조언을 듣게 되니 정신이 번쩍 차려졌다. 나는 주변에서 그렇게 자수성가로 많은 자산을 보유한 부자를 본 적이 없었다. 어떻게 가난한 삶을 청산하고 부자가 되어, 꿈을 이루는 삶을 살아가시는지 본받고 싶었다.

한 달 반 만에 초고를 완성하고, 〈한책협〉과 함께하는 3개월 시간은 매 순간 찬란한 빛으로 가득 찼다. 인생을 살아오면서 처음으로 몸과 마음 모두 편안한 시간을 보낼 수 있었다. 아무 걱정 없이, 순수하게 기쁘고, 즐겁고, 감사하고, 평화로운 감정을 오랜만에 느껴보았다. '나는 이래야만 해.'라고 정해놓은 틀을 벗어버리니 참 홀가분했다. 멋진 어른으로 성장한 내 모습을 보며 참 기특하고 대견하다는 생각이 들었다. 그리고 여기까지 오느라 참 수고 많았다고 나 자신을 칭찬해주었다.

내가 믿는 '하나님', '신'의 힘에 이끌리어 여기까지 온 것 같다는 생각이 들기도 했다. 나는 기독교 집안에 태어나, 모태 신앙인으로 자랐다.

조부모님, 부모님 모두 기독교인이셨다. 나 또한 자연스럽게 교회에 나가게 되었다. 교회 생활에서 가장 의지가 되었던 것은 수련회 일정이었다. 초등학교 저학년 시절, 교회 앞마당에서 수련회 중 기도하는 시간이 있었다. 마음속에서 신의 음성이 들리는 체험을 했다. '하나님은 늘 나와 함께 하신다.'는 따뜻한 느낌이 들었다. 그 느낌은 나의 표면적인 생각에서 온 것이 아니라는 것을 쉽게 알아차릴 수 있었다. 그 이후부터 나는 수련회에 빠지지 않고 참여했다. 중, 고등학교 시절을 보내며 공부나 가족으로 인해 속상한 적이 있던 것을 수련회 기도 시간에 털어내었다. 수련회에 다녀오면 마음이 편안해지고, 삶을 살아갈 용기를 얻곤 했다.

〈한책협〉과의 만남은 '신'께서 도우신 귀중한 인연이었다. 이 세상에는 우연으로 발생하는 일은 없다고 생각한다. 우연으로 만나게 되었지만, 만날 수밖에 없었던 필연이었던 것이다.

〈한책협〉과의 만남을 돌아보니, 인생에서 '신'의 손길을 느꼈던 신기했던 순간이 떠올랐다. 지금으로부터 11년 전, 고등학교 3학년 수능시험 날이었다. 외국어영역 시험을 볼 때의 일이다. 마음속은 편하게 비워져 있었고, 오롯이 시험에 집중하기 시작했다. 나는 평소보다 빠르게 문제를 풀기 시작했다. 시험지를 찬찬히 살펴보며 한 문제당 1분 내외로 문제를 술술 풀어나갔다. 그리고 모든 문제를 풀고, OMR 카드에 답안을 마킹하고 5분 정도 남았던 것 같다. 그전까지 문제집이나 모의고사를 풀 때 그렇게 여유롭게 시간이 남았던 적이 없었다. 내가 직접 문제를 풀면서도 술술 쉽게 풀리는 것이 신기했다. 그동안 갈고닦은 실력으로 시험을 잘 본 것일 수 있겠지만, 나보다 더 강한 어떤 힘의 도움을 받았다는 느낌이 들었다.

인생을 살아가면서 여러 어려움과 난관에 봉착하다 보니, 늘 어깨 위에 작은 수호천사가 있었으면 좋겠다고 생각했다. 진로, 공부, 인간관계 갈등, 과거의 상처나 트라우마, 미래에 대한 고민 등 다양한 문제에 대한 시원한 해답을 알고 싶었다. 시행착오를 조금이라도 줄이고 싶었다. 나는 주변에서 인생의 멘토를 찾아다녔지만, 언제나 마음을 털어놓고 조언을 구할 수 있는 존재를 만나지 못하였다. 나는 '신'에게 간절히 기도했다. '이 세상에 태어난 삶의 목적을 알려주세요.', '아무리 힘든 상황이 오더라도 진리를 깨달을 수 있다면, 견뎌낼 힘을 주세요.' 내 영혼의 솔직하고 처절한 기도였다.

지금까지 살아온 인생의 경험도 참 값지고 소중했지만, 늘 불안하고 허전함이 마음 한구석에 자리하고 있었다. 매번 참여하는 교회 수련회에서 똑같은 문제로 씨름하고 있었다. 하나님께 기도해도 왜 나의 슬픔과 힘든 일은 사라지지 않는지 하나님이 원망스러울 때가 많았다. 나의 간절한 기도는 이루어졌다. 〈한책협〉과 김태광 대표님을 만났고, 책을 쓰게 된 것이 그 응답의 시작이었다. 수능 시험을 보며 평소보다 유난히 정답을 빠르게 골라냈던 것처럼, 〈한책협〉과의 만남에서도 '신'의 도움의 손길이 느껴졌다.

지난 3개월의 시간을 통해, 살아온 30년의 시간을 깊게 되돌아보았다. 그리고 있는 그대로의 나를 사랑하기 시작했다. 그리고 나 스스로를 엄마가 자녀를 꼬옥 안아주듯, 깊이 안아줄 수 있었다. 집착하거나, 거부했던 감정들을 분리하여 편하게 바라볼 수 있게 되었다. 근원적인 사랑의 마음을 조금씩 느껴보고 그 연결을 강화하는 데 시간을 온전히 보내기도 하였다.

기분이 행복하고, 좋은 느낌, 감사의 느낌을 충만히 오래 가져본 것은 처음이었다. 나의 매 순간은 아름다운 빛으로 이루어져 있었다. 어떤 상황과 감정에 놓여 있을지라도 말이다. 외면하고 싶었던 과거의 모습과 상처, 주변 인물들에 대하여도 따뜻한 마음이 들었다. 나에게, 그들에게 미안함과 용서함으로 고백했다. 모든 것에 감사하며 축복을 하기 시작했다. 몸 안에 작게 자리 잡았던 나의 마음은 어느새 우주보다 더 커져 있었다. 영혼을 탐구하며 하나님의 마음으로 살아가는, 마음공부를 이제 막 시작했다. 아직은 더 경험할 것들이 많이 남아 있음에 설레고, 앞으로의 인생을 즐겁게 살아가고자 한다. 내 인생의 가장 찬란했던 3개월의 시간 덕분에, 나의 지나온 삶과 앞으로의 삶 모두 새로워졌다.

나에게 필요한 것만 남기고 행복을 찾는 법을 배웠다

　나는 다른 사람과 쉽게 친해지지 못했다. 내가 먼저 다가가기보다 누군가가 먼저 다가와 주기를 바랐다. 어린 시절 공부와 교회 생활에 집중하는 생활로 인해, 다양한 사람을 만나보는 기회가 별로 없었다. 사회성을 발달시킬 경험을 많이 하지 못했고, 갈등 상황을 크게 겪지 않았다. 이후 대학에 진학하면서 다양한 사람을 만나게 되면서 인간관계의 여러 갈등 상황을 만나게 되었다. 대학교에 입학하고 바로 동아리 활동을 시작했다.

　나는 관현악 동아리에 가입했다. 악기를 평소에 연주하고 싶은 마음이 있었고, 관현악기를 연주하는 것이 뭔가 우아하고 기품 있어 보였다. 당시에 악기를 살 돈이 없기도 했고, 동아리에는 비올라 악기가 여분으로 있었다. 원래 나는 바이올린을 배우고 싶었지만, 그와 비슷하니 비올라를 배워보기로 했다. 비올라의 위치는 바이올린과 첼로의 중간으로 애매했다. 바이올린 파트와 첼로 파트를 넘나들며 멜로디가 왔다 갔다 하였다. 두 악기의 중간 역할을 하며 화성을 맞추는 화성 악기의 역할이었다. 비올라만의 매력이 느껴져서 좋았지만, 한편으로는 혼자서 배워나가야 한다는 생각에 앞이 막막했다. 어릴 적 피아노를 매워서 높은음자리나 낮은음자리는 알았지만, 비올라가 쓰는 악보는 달랐다. 가온음자리표라고 하여 높은음자리표와 낮은음자리표 사이에 있는 음자리표를 썼다. 쉽게 말해 높은음자리표의 세 번째 줄 계이름 '시' 자리를 '도'로 읽어야 했다. 나는 악보를 보기 힘들어 모든 음표에 계이름을 써놓고 연습하곤 했다.

나는 말이 별로 없었고, 주어진 상황을 극복하기 위해 안간힘을 썼다. 동아리를 들었던 순수한 나의 목적은 '악기를 배우고, 공연하는 무대에도 함께 서보는 것'이었다. 아름다운 최종 목적을 이루기까지 험난한 가시밭길이 있었다. 나는 어떻게 해서든 피해를 끼치지 않고 무대에 잘 서보리라는 마음으로 열심히 연습에 임했다. 무대에 들려줄 곡이 정해지고, 악기마다 연습에 들어갔다. 비올라를 켜는 선배가 한 명 있었지만, 나는 대부분 연습 시간을 혼자서 보냈다. 함께 하는 다른 선후배, 동기들과 더 친해지고 싶었지만 그렇지 못한 현실이 속상했다. 혼자 고군분투하는 연습 시간이 지나고, 함께 합주하는 시간도 보내게 되었다. 함께하는 시간이 되니 잘해야겠다는 마음이 올라와서, 더욱 긴장을 하게 되었다. 같은 악기를 다루면서 친해질 기회가 더 많다 보니, 다른 악기를 맡고 있는 사람들과 거리감이 느껴졌다. 악기 연주도 인간관계도 좀처럼 쉽지 않았다.

동아리 활동을 하면서 열심히만 했던 나에게 상처를 받는 일이 생겼다. 전체 대공연이 끝나고, 회장 선배가 한 사람, 한 사람에게 편지를 써서 주는 전통이 있었다. 나는 악기를 배우느라 고생했다는 격려의 메시지를 기대하고 고마운 마음으로 편지를 읽어보았다. 그런데 내 예상을 완전히 뒤엎는 내용이 적혀 있었다.

나에게 동아리와 악기에 대한 열정이 있다면, 레슨도 받고 자비로 악기를 구입하라고 따끔하게 지적하고 있었다. 시험공부 시간을 줄여가며, 동아리 연습 시간을 지키고 참여해왔는데, 수고했다는 말 한마디 담겨 있지 않았다. 그러면서 더 적극적으로 참여하라는 내용이 담겨있었다. 공연을 마치자마자 읽었던지라 더 충격적이고, 당황스럽기 그지없었다. 내 마음을 알아주지 않았다는 느낌을 받으니, 눈물이 왈칵 쏟아져 나왔다. 나는 그럴 금전적인 여유도 없었고, 그만큼 더 악기를 잘하고 싶은 생각이 별로 없었다. 악기 연주를 즐기면서 하고 싶은 마음이었는데, 그 마음이 철저하게 무시당한 느낌이 들었다. 그동안 나름대로 마음고생하며 열심히 연습한 나의 노력이 헛수고로 돌아간 것만 같았다. 섭섭함과 함께 동아리에 대한 애정도 차갑게 식어버렸다. 그리고는 그 이후 동아리 모임이나 공연에 가고 싶지 않아서, 발걸음이 떨어지지 않았다.

동아리 활동을 하면서 내가 얻은 것은 무엇일까? 악기 연주 경험, 공연 무대에 섰던 시간, 사람들과의 추억 등 정말 많은 것을 얻었다. 하지만 오랫동안 나의 마음속에는, 동아리를 떠올리면 회장 선배가 나에게 썼던 편지 내용이 선명하게 보였다. 상처가 되는 내용을 곱씹으며 서운한 감정을 깊이 붙잡고 있었다.

책을 쓰면서 나의 마음을 돌아보니, 동아리 활동을 했던 일이 생생하게 떠올랐다. 많은 시간이 지난 지금에도 떠올려보면, 마음이 좋지 않고 아파온다. 그러나 이제는 과거의 일에 대한 감정이 떠오르면, 나 자신과 분리하여 바라보는 힘을 키웠다. 마음에서 편하게 흘려보내는 방법을 배웠기에 나의 아픈 감정을 잘 돌볼 줄 알게 되었다.

지난날 사람으로부터 받은 상처는, 내가 미처 헤아리지 못했던 내 마음속의 자아의 모습을 알아달라는 신호이다. 좋은 것은 내가 취하고, 그 반대로 원치 않은 것은 상대방에게 투사하며 이원성의 세상을 겪어나가는 것이다. 사랑과 두려움은 동전의 양면처럼 하나이다. 사랑이라는 것을 알기 위해 두려움 반대의 개념을 신께서 만든 것이다. 사랑만 있으면 사랑이 진정한 사랑인 줄 모르기 때문이다. 사랑이 없는, 두려움이라는 개념을 겪어야 진정으로 사랑을 누리고 품을 수 있게 된다.

책쓰기의 힘은 실로 위대했다. 글로 겪었던 일들을 풀어쓰면서 나의 모습을 솔직하게 바라볼 수 있다. 회장 선배가 나에게 어떤 마음으로 편지를 썼는지 다 알 수는 없지만, 어떤 의도를 가지고 편지를 썼는지 정도는 알 수 있었다. 회장으로서 조언을 하고자 했을 것이다. 회장 역할은 쉽게 하는 것이 아니다. 많은 사람을 일일이 챙기기란 쉽지 않으며, 전체를 이끌어가는 리더의 시선으로 큰 시야에서 바라보았을 것이다. 감정을 분리하고 바라보니 과거에 있었던 일을 편하게 수용할 수 있었다.

최근 마음을 잘 관리하는 것이 세간의 화두로 떠올랐다. 2021년 9월부터 방영을 시작한, 〈오은영의 금쪽 상담소〉라는 예능 프로그램을 즐겨 보고 있다. 오은영 선생님은 소아청소년의 정신건강의학과 의사지만, 성인들의 고민도 들여다보고 해결점을 함께 찾아가는 국민 멘토로서 자리매김하셨다. 유명한 연예인들이 프로그램에 나와 본인의 상처와 치부를 드러내는 것을 보았다. 가슴 아픈 가족사와 개인적인 문제에 대해서 이렇게 온 세상에 공개한다는 것이 참 대단하다고 느꼈다. 세상이 참 많이 바뀌어가고 있구나 하는 생각이 들었다. 꽁꽁 마음을 숨기다 보면 결국 곪아 터져버린다. 깊은 병이 되어버리기 전에 잘 마음 관리를 해야 할 필요가 여기 있는 것이다.

나는 책을 쓰며 나의 영혼을 갉아먹는 생각과 감정에서 나를 분리하는 방법을 배웠다. 나의 영혼을 행복하게 하고, 살리는 지혜의 눈으로 나를 바라볼 수 있게 되었다. 그리고 조금씩 과거의 상처에서 치유되고, 자유로워질 수 있었다.

책에 실릴 프로필 사진을 찍을 때였다. 평소에 잘 웃지를 않아서 얼굴 근육이 굳어 있었다. 무표정으로 거의 매일을 보냈고, 근심이 있을 때는 자주 울기도 해서, 웃는 방법을 잊어버렸다고 해도 과언이 아니었다. 활짝 웃고 있는데도, 사진사께서 더 활짝 크게 웃으라고 연신 말씀하셨다. 나는 입이 찢어져라 웃었지만, 다소 어색한 웃음을 짓고 있었다.

책쓰기를 통해 행복해지는 법을 배우니, 이제는 영혼 깊이 행복함이 느껴진다. 이전보다 몸도 마음도 가벼워졌고, 더 밝게 웃을 수 있게 되었다. 행복은 가까이에 있다는 말이 있다. 행복을 찾기 위해 우리는 아이슬란드 오로라 여행을 떠나고 싶어 한다. 지루한 일상을 벗어버리고 훌쩍 떠나는 것이 정답이라고 생각한다.

내 마음이 천국이면 어딜 가든 천국이 된다. 반대로 마음이 지옥이면 어디든 지옥이 되어버린다. 마음을 행복으로 가득 채워 사는 것이, 진정 천국을 맛보는 것이라 생각한다. 책쓰기를 통해 마음의 때를 벗기고, 나에게 필요한 것을 취하고, 불필요한 감정은 시원하게 털어내었다. 행복을 찾는 방법은, 쉽고도 간단한 것임을 한 살이라도 빨리 알게 되어 참 감사하다.

06

지금 쓰는 책 한 권이 3년 후 삶을 통째로 바꾼다

의과대학 1학년 시절, 교양 필수 과목으로 '인성 교육'이라는 과목이 있었다. 인성 교육 시간에는 '참된 자아와의 만남'이라는 수업 교재가 있었다. 수업 교재 이름이 다소 딱딱하고 무겁긴 했지만, 내용은 알차게 채워 나갔다. 전체 학과의 공통 과목이어서 수업은 학교의 콘서트홀에서 이루어졌다. 특강, 뮤지컬, 독서 토론 및 독후감, 문화 체험 등 경험하며 배운 것과 느낀 점을 기록하도록 되어 있었다. 워크북의 첫 페이지에는 '인생 계획표 작성하기'가 제일 먼저 나왔다. 계획표는 바퀴 모양이었고, 작은 칸들로 나누어져 있었다. 가운데 원을 중심으로 삶에서 진정으로 추구하는 가치, 목표를 작성하는 칸이 있었다. 그리고 원의 바깥에는 목표 달성을 위한 방법을 채워보라고 되어 있었다. 20세의 내가 가장 소중하게 추구했던 가치를 보니, 원의 중심에는 '행복'이 적혀 있었다. 행복과 연결된 개념으로는 '가족', '친구', '건강', '일' 이렇게 되어 있었다. 그리고 세부사항으로 가치를 잘 누리고 확장하기 위한 세부 방법을 열심히 적어놓았다. 그리고 그 다음 장에는 '나에게 편지 쓰기'라는 내용이 있었다. 5년 후, 10년 후, 은퇴 후 나에게 쓰는 편지를 쓰는 공간이었다. 서른 살이 된 지금, 10년이 된 나에게 쓴 편지를 10년이 지나 읽어보게 되었다.

10년 전의 성지가 10년 후 성지에게 쓴 편지 내용이다.

"안녕, 성지야. 벌써 10년이라는 세월이 흘렀구나. 정말 신기하다. 10년 후 내 모습은 어떨지 상상이 안 가. 10년 후 내가 무엇을 하고 있을까. 연구, 박사 과정, 교수 준비를 하고 있을지 모르겠네. 무슨 과로 전공을 정할지도 까마득한데, 10년 후는 더 상상하기가 범위가 넓어서 그런지 잘 모르겠어. 하하. 새롭게 앞자리 수가 바뀌게 되었구나. 너의 20대 때 어떻게 지냈느냐가 참 중요할 텐데. 내가 앞으로 더 열심히 살아가도록 노력할게. 30대 때 나의 모습은, 아니 내가 바라는 나의 모습은 어른스럽고, 활발하고, 사람들과 잘 교류하고, 바쁜 일상 가운데에서도 여유와 중심을 잃지 않는 사람이 되었으면 해. 너무 바라는 것이 많네. 어차피 내가 지금부터 노력해야 하니까 열심히 해볼게. 그리고 더욱 믿음이 견고히 세워져서 예수님 닮아가는 멋진 성지가 되기를 기도할게. 힘내고 사랑해!"

10년 전의 나와 짧게나마 대화를 나눈 것 같은 느낌이 들어, 마치 시간 여행을 한 것 같았다. 과거의 나는 정말 열심히, 성실히 공부하며 살아온 아이였다. 공부하며 진로를 고민할 때, 의사가 되어 어떤 진료과목을 선택할지 도저히 생각이 나지 않았다. 선택해야 하는 기로에 서게 되면, 발등에 불이 떨어져서 어떻게든 선택할 것이라 느긋하게 생각했다. 나는 정말 내가 무엇을 원하는지 마음에 물어보지 못하고 살았다. 누군가가 나에게 맞는 길을 제시해주고, 빠른 지름길을 제시해주는 것이 너무나도 편했다. 나보다 더 많이 살아온 어른들의 삶의 지혜는 틀릴 것이 없다고 믿었다.

나는 진로를 고민하면서, '교수'가 잘 어울린다는 이야기를 가족들에게 많이 들었다. 모교에 남아 후학을 가르치는 멋진 선배 의사이자, 교수로 살아가는 것이 나의 운명이라고 생각이 들었다. 다른 길은 전혀 생각하지 않았고, 확실하게 정하게 되어 마음이 편했다. 인턴 1년, 레지던트 3년의 수련을 마치고, 전문의 시험에 합격하여 '내과 전문의' 면허증을 값지게 얻었다. 나는 하늘에서 기회가 주어진다면 '교수'가 되고 싶다고 다른 사람들에게 이야기하게 되었다. 그래서 분과 전문의가 되기 위한 수련 과정인, 전임의에 지원하게 되었다. 나는 나의 인생이 이제부터는 고생이 끝나고, 멋진 인생이 펼쳐질 것만 같았다.

"인생은 산 넘어 산"이라는 말이 맞았다. 내과 중의 세부 분과 공부는
또 다른 세계였다. 다시 처음부터 공부해야 한다고 생각하니, 어려운 마
음이 올라왔다. 공부를 또 해야 하는 상황이 절망스럽기도 했다. 완벽하
게 하고 싶은 마음이 마구 올라오다 보니, 나의 부족함이 자꾸 보였다.
부족한 내 모습이 싫었고, 자신감이 오히려 더 떨어지기도 했다. 솔직한
내 마음을 살펴보니 여러 상황을 이겨내며, 분과 공부를 하는 것을 내가
원하고 있지 않았다. 그 이유는 내가 하고 싶은 것이 아니었기 때문이다.
가족들과 주변의 권유, 분위기에 휩쓸려 다른 사람의 바람이 나의 꿈이
되었던 것이다.

진로를 고민하는 무수한 시간을 거쳐, 나의 진로를 확정했다고 자부했
다. 교수가 되는 것이 나의 인생의 목적이라고 강하게 믿었다. 그리고 해
야만 한다고 나 스스로에게 강요하고 있었다. 의대 교수는 정말 많은 일
을 한다. 외래 진료, 입원 환자 진료, 수술이나 시술 집도, 학교 수업 및
시험 출제, 학생 평가, 학교나 병원의 위원회, 보직 활동, 학회 활동, 연
구 및 논문 집필, 강연 등 정말 수없이 많은 업무가 주어진다. 환자, 몸담
은 조직, 사회에 대한 무거운 책임을 가지고 희생과 헌신하는 직업이다.
교수라는 직업은 훌륭한 직업이지만, 작은 외래방안의 고독한 나의 모습
이 안타까웠다. 교수라는 틀로 나를 한정하고 싶지 않았다.

레지던트 마지막을 보내던 2020년, 전문의 시험공부를 하며 대학원 석사 논문을 썼다. 지도 교수님의 기대를 맞추고자 할 수 있는 노력을 다했다. 혼자서 통계를 다 돌리고, 번뜩이는 아이디어로 논문을 멋지게 쓰고 싶었지만, 생각과는 정반대로 흘러갔다. 교수님께 일주일마다 한 번씩 통계 결과와 연구 사항을 상의드리려 가는 시간만 되면, 벌을 서는 느낌이었다. 논문의 예비심사, 정규심사를 거치면서 교수님들께 수많은 지적과 냉정한 평가를 받았다. 당시 중환자실 주치의라서 가장 바쁘고, 스트레스를 받는 상황 중에 있었다. 발표 시간도 간신히 짬을 내어 발표했다. 발표 자료도 밤을 새우며 열심히 만들었지만, 교수님들께서 보시기에 턱없는 부족함 투성이었다. 논문 통과를 해주시지 않을 것 같다는 생각이 들 정도로 혹독한 평가를 받았다. 많은 분들의 도움 끝에 논문을 쓸 수 있었지만, 심적으로 힘든 상황에서 쓰게 되어 논문을 쓰는 일이 흡사 고문을 당하는 일처럼 느껴졌다.

　교수가 되려면 논문은 당연히 필수사항이다. 진료 능력, 연구 업적, 학생 교육 등 여러 평가를 받고 교수직을 유지하기 위해 늘 피, 땀, 눈물을 흘려야 한다. 나는 논문을 쓰고, 학문에 업적을 남기는 일에는 흥미도 재능도 크게 없었다. 그것을 해야 하는 상황에 놓이니, 내 마음이 적나라하게 드러났다. 내가 관심도 없고, 잘하지도 못하는 일을 오랫동안 지속하기란 거의 불가능한 일이다. 정답은 쉬웠다. 그저 편하게 내려놓는 것,

'그만두는 것'이었다.

나는 전임의 일을 그만두게 되었다. 그러면서 책쓰기를 시작하게 되었다. 『꿈꾸는 의사의 공부 루틴』이라는 나의 첫 저서를 집필하며, 잠시 쉼의 시간을 가졌다. 심신이 지쳐 있는 나에게는 정말 꿀 같은 휴식, 힐링의 시간이었다. 그리고 책쓰기를 통해, 나는 내가 진정으로 원하는 것이 무엇인지 돌아볼 수 있었다. 다른 누군가가 주입한 남의 생각이 아닌, 순수한 나의 생각, 소원을 구체적으로 떠올려보았다. 앞으로 책을 꾸준히 쓰며, 나의 경험으로 많은 이들에게 꿈을 전하는 '메신저'의 삶을 희망하게 되었다.

브렌든 버처드의 『백만장자 메신저』라는 책에서 '메신저'에 대한 정의가 나와 있다. '메신저'란, 자신의 경험과 지식을 메시지로 만들어 다른 이들에게 전달하는 사람이다. 다른 사람들에게 조언을 제공하고 그 대가를 받는 사람이다. 좋은 부모 되는 법, 사업을 시작하는 방법, 직장에서 성공하는 법 등 다양한 주제에 대한 실천적인 조언을 해주는 것이라 언급하고 있다. 브렌든 버처드는 그렇게 메신저가 되어 2년 만에 460만 달러를 벌었고, 전 세계 베스트셀러 작가가 되었으며, 회당 2만 5,000달러를 받으며 강연하며 살아가고 있다. 나는 브렌든 버처드처럼 돈을 많이 벌고 싶은 생각도 떠올랐다. 하지만 그것보다 더 중요한 본질적인 마음은, 내가 진정으로 하고 싶은 일을 찾아내고, 그것을 즐겁게 하며 살고 싶다는 것이다. 성공한 사람이 그 자리에 가기까지 수많은 역경과 단련의 시간이 필요하다. 할 수 없다는 부정적인 사고와 과거의 낡은 가난한 습관을 떨치고 일어서야 한다. 하지만 실패와 고생이 두려워 진정한 꿈을 꾸지 못하고, 이루지 못한다면 인생의 목적을 어디서 찾을 수 있단 말인가.

나이가 서른 살이 되어도 진로 고민을 한다는 것이 처음에는 부끄러웠다. 다른 사람들의 시선이 두렵기도 했다. 나는 다른 사람의 말을 경청하고, 존중하고, 나에 대한 조언을 감사하게 받아들이며 살았다. 하지만 이제는 정반대의 삶을 살기로 마음먹고 돌아서게 되었다. 다른 사람의 생각과 의견은 다른 사람 것이고, 나의 생각, 의견, 열망을 키워나가야겠다고 다짐했다. 삶을 진정 주도적으로 산다는 것을 배워나가기 시작했다.

나는 책을 쓰고, 나의 삶을 당당하게 드러내는 삶을 살 것이다. 앞으로 나에게 펼쳐질 상상을 초월하는 멋진 기회를 즐겁게 맞이하고 싶다. 교수의 길을 갔더라면, 하마터면 후회로 가득 찬 삶을 살 뻔했다. 앞으로 나의 3년 후는 이미 나의 상상 속에서 생생하게 바뀌어 있다. 작은 진료방에서 숨 막히는 3분 진료, 논문으로 밤을 지새우고, 공부에 허덕이는 삶에서, 많은 이들에게 나의 삶과 경험을 책, 강연, 방송으로 전하는 진정 성공한 메신저의 삶으로 말이다. 나의 3년 후가 무척이나 기대된다.

07

슬기로운 인생 후반을 위한 5가지 공식

나는 살아오면서 마주하는 현실에 대하여 '결핍'이라는 관점을 바라보며 살았다. 물질적으로, 마음으로 풍요롭게 지내고 싶은데, 그렇지 못한 모습, 나는 항상 부족한 존재이기 때문에 잘못하고 있다고 생각했다. 무엇인가 배울 때는 충분히 그것을 음미하고 내 것으로 만들기보다는, 이것보다 더 큰 과제를 앞서 생각하며 걱정하기 급급했다. 사회가 만들어놓은 틀과 주입받은 사고방식에 박혀 딱딱하게 굳어져 있었다.

책을 쓰며, 나의 마음을 돌아보는 3개월 동안, 나는 마음에 큰 변화가 일어났다. 내가 두려워하며 떨고 있던 것은 실제 호랑이가 아닌 '종이호랑이'같은 존재라는 것을 알게 되었다. 종이를 가지고 호랑이 모양으로 오려낸 후 불빛으로 비춰보면, 큰 그림자 모양의 호랑이가 나타난다. 그 호랑이가 실제 호랑이가 아닌데도, 그것을 보고 실제로 착각하고 벌벌 떨게 되는 것이다. 실제 삶에서 놓고 보아도 내 마음 안의 허상, 헛된 관념을 믿어 두려움에 떨고, 많은 에너지를 낭비하고 있었다.

지금까지 의학을 공부하며, 지식을 많이 알아야 한다는 강박관념으로 똘똘 뭉쳐 있었다. 새로운 지식을 머릿속에 주입하는 것에 급급했던 내 모습이 안쓰러울 정도였다. 늘 새로운 지식과 그것을 융합하는 기술이 쏟아져 나오는 빅데이터(Big Data) 시대에 참으로 뒤처진 마인드라는 것을 깨닫게 되었다. 나는 책을 쓰며 마음을 들여다보는 공부를 함께 시작했다. 내가 가장 하고 싶고 즐겁다고 느끼는 일 중 하나는 영혼을 탐구하는 '마음공부'임을 이번 기회에 깨닫게 되었다.

방송기자, 앵커로 알려져 있는 김상운 작가님의 저서 『왓칭』, 『왓칭 2』, 『거울명상』이 3권의 책을 무척 인상 깊게 읽었다. 김상운 작가님은 할머니와 아버지의 죽음을 계기로 마음의 병을 얻었다고 한다. 이후 내면세계의 진실을 파헤쳐나가기 시작하였다. 우주의 원리에 눈을 뜨면서 스스로를 치유했고, 그 체험을 바탕으로 책을 출간하신 것이었다. 유튜브 채널도 꾸준히 운영하면서 많은 이들의 사연을 받고, 잘 이겨내도록 돕고 계셨다. 『왓칭』이라는 책은 실제로 과학적으로 우주의 원리가 어떻게 작동하는지를 여러 실험과 근거를 가지고 탄탄하게 설명하고 있다. 너무 흥미로운 사실들을 담고 있어, 시간 가는 줄 모르고 술술 읽었다. 『거울 명상』도 읽으면서 거울에 비친 나를 바라보며, 억눌린 무의식을 들여다보고 근원의 사랑으로 돌아가는 방법에 대하여 알아갈 수 있었다.

책을 쓰고, 의식을 성장시키는 책을 곁에 두고 지속적으로 읽다 보니 새로운 세계가 펼쳐졌다. 나와 모든 것이 사랑과 빛으로 가득 차 있다는 것을 온전히 느낄 수 있었다. 이제 나는 가족들과 선배에게 도움과 조언을 받는 것을 졸업했다. 이젠 지식과 경험이 나를 거쳐 탄생한 나만의 지혜를 주변 사람들에게 들려주고 있다. 가까운 가족들, 지인, 친구들에게 나의 느낌을 나눠주는 것인데, 그것이 상대에게 꼭 필요한 메시지를 담고 있었다. 내가 그만큼 훌륭한 어른으로 자랐다는 증거라고 생각하며 마음이 뿌듯하였다. 어떻게 보면 내가 가진 직업도 큰 몫을 했다. '의사'라는 직업을 가진 덕분에 다른 사람들이 나의 말을 더 열심히 들어주고, 집중하는 모습으로 경청해주기도 하였다.

책을 쓰니 어떤 말을 해야 할지 정리가 잘되었다. 책에 썼던 사례를 바탕으로 이야기꽃을 피우다 보면, 몇 시간은 훌쩍 지나 있었다. 이제 더 큰 무대에서 많은 이들에게 다가가고 싶다. '종이호랑이'를 과감하게 찢어버리고, 더욱 큰 용기로 목소리를 내리라 다짐해본다.

책쓰기와 마음공부, 의식 공부를 시작하면서 '슬기로운 인생 후반을 위한 5가지 공식'을 세워보았다. 이제는 숨 막히게 달리고, 늘 후회하는 삶에서 벗어나 진정한 인생의 행복을 누리는 삶을 살고자 한다.

슬기로운 인생 후반을 위한 첫 번째 공식은 '나의 감정은 내가 아니다.'이다. 인생을 살아가면서 나를 구성하는 핵심 경험과 기억들이 있다. 그 일을 겪으며 특정한 감정을 느낀다. 사랑, 기쁨, 감사, 연민, 자신감, 안정감, 평화로움, 행복감, 용기 등 긍정적인 감정이 있다. 반대로 두려움, 슬픔, 분노, 증오, 수치심, 민망함, 열등감, 자괴감 등 부정적인 감정도 짝을 이루고 있다. 어릴 때 경험을 통해 여러 생각과 거기에 붙어 있는 감정은 나의 무의식 속에 억눌리게 되기도 한다. 억눌린 감정을 무시하면, 알아달라는 신호로 여러 상황을 만들게 된다.

나를 가장 힘들게 하는 생각과 감정은, 내가 아니다. 그것과 나를 동일시하기 때문에 마음이 괴롭게 되는 것이다. 있는 그대로 인정해주는 것이 억눌린 감정을 치유하는 첫 발걸음이라는 것을 우리는 알아야 한다. 감정과 나를 분리하여 있는 그대로 바라보다 보면, 한결 감정을 대하기 쉬워진다. 그러면서 나에게 질문을 해보자. 나는 스스로에게 대화를 자주 걸어본다. "성지야, 어떤 것이 너를 그렇게 아프게 했니?", "너는 그것에 대해서 어떤 감정이 들어?", "지금 떠오르는 생각이나 기분은 어떤 것 같아?"라고 나 스스로에게 질문하며 그에 대한 답을 해본다. 그러면서 생각과 기분이 정리되고, 상황과 감정을 있는 관찰하고 있는 나를 발견하게 되었다.

두 번째 공식은, '지금 이 순간에 집중하라'이다. 〈신과 함께〉라는 영화에 보면 이런 대사가 나온다. "지나간 슬픔에 새로운 눈물을 낭비하지 말자."라는 문장이다. 이는 그리스 3대 비극 시인 중 하나인 에우리피데스가 남긴 말로 알려져 있다. 지나간 것에 새로운 눈물을 흘리는 것은 아까운 일이다. 과거는 과감히 잊고, 흘려보낼 용기가 필요하다. 과거에 내가 어떤 깊은 상처와 좌절을 경험한 것은 생각보다 중요하지 않다. 그 경험을 통해 내가 어떤 깨달음을 얻고, 어떻게 성장했는지에 집중하면 마음이 한결 편해진다. 부정적인 감정에 계속 붙들려 있으면, 그런 부정적인 현실을 되풀이하며 인생을 허비하게 된다.

우리는 과거, 현재, 미래에 대한 시간 개념을 가지고 있다. 하지만 조금 더 생각해보면, 우리는 늘 오늘을 살아가는 존재라는 것을 쉽게 깨달을 수 있다. 과거를 붙들거나, 미래를 준비하기 위해 우리는 현재를 철저히 버리며 살고 있다. 우리는 매일, '지금 이 순간'을 살아가는 존재인데 말이다. 현재를 즐기고, 현재를 충실하게 채우면, 나의 인생 전체가 그렇게 채워지는 것이다. 우리는 이 땅에 태어나 다양한 경험을 통해, 성장을 이뤄가는 아름다운 영혼을 가진 존재들이다. '지금 이 순간'에 온전히 집중해보자. 이겨낼 힘과 답은 모두 내 안에 있다.

세 번째 공식은 '모든 경험을 열린 마음으로 맞이하라'이다. 내가 더 크게 성장하는 것에 가장 큰 걸림돌은, 남이 아닌 바로 '나 자신'이다. 내가 세워놓은 나에 대한 한계를 뛰어넘어야 한다. 할 수 없다고 생각하면, 말 그대로 할 수 없는 일이 일어난다. 하지만 반대로 어떻게든 이룰 생각을 하고 할 수 있다고 반복하면, 일이 결국 해결되고, 잘 풀리는 경험을 하게 된다. 생각과 말은 모두 에너지로 이루어져 있다. 우리의 꿈과 바람을 이루는 재료가 되는 것이다.

나에게 일어나는 모든 상황과 그것을 겪고 있는 나를 있는 그대로 바라보자. 그리고 무의식의 세계를 활짝 열어두고, 열린 마음으로 환영해 보자. 나를 제한하는 좁은 울타리를 걷어내고, 삶의 새로운 도전을 시작하게 되면, 내 안에 숨겨진 거인이 현실로 위풍당당하게 드러날 것이다.

네 번째 공식은 '너는 나이고, 나는 너이다.'이다. 인간은 그저 살덩어리, 육체만 가지고 있는 존재가 아니다. 영혼을 가지고 있는 영적인 존재이다. 우리의 영혼은 결국 우리를 만든 '신'이라는 근원적 에너지, 근원의 영혼에서 왔다. 그러므로 우리의 영혼의 부모는 같다고 할 수 있다. 하나의 존재에서 떨어져 나온 무수한 영혼의 조각들이 우리 개인, 개인이 된 것이다. 그런 의미에서 살펴보면, 너와 나를 구분하는 선은 사라지게 된다. 겉으로 보면 도저히 사랑할 수 없는 미운 존재도, 영혼의 눈으로 보면 같은 존재라는 의미이다. 동의하고 싶지 않을 수 있는 내용이지만, 이것은 믿음의 문제를 넘어서는 본질적인 진리에 해당한다. 아름다운 영혼의 교류를 강화하는 삶을 살아갈 때 비로소 행복한 인생을 보낼 수 있게 되는 것이다.

마지막 공식은 '모든 것을 반대로 생각하라.'이다. 이 문장은 〈한국석세스라이프스쿨〉의 대표, 권동희 대표님의 의식성장대학 강의에서 자주 들었던 말이기도 하다. 많은 사람들은, 고질적인 문제, 습관을 바꾸고 더 멋진 사람이 되고자 노력한다. 익숙함과 타고난 기질을 넘어서기란 쉽지 않기에, 작심삼일 연습만 하다가 인생을 소진하게 된다. 쉽게 생각해서 "안 되면 되게 하라."라는 옛말을 떠올리면 된다. 막히고 안 될 때는, 불평하고 포기했다면 그와 다르게 생각하고 행동해보는 것이다. '이 일이 잘 안 되는 것을 보니, 다른 좋은 방법이 있을 거야.', '어떻게든 되는 방법을 다시 찾아보자.'라고 생각하면 꼬인 일이 쉽게 풀리는 실마리를 발견하게 된다.

절망적인 상황을 희망적인 상황으로 바라보는 것은, '정신승리'나 '망상'을 의미하는 것이 결코 아니다. 진심으로 나의 마음 깊은 곳에서 확신과 믿음을 가지고 반대로 해보는 것이다. 성경에서는 "새 포도주는 새 부대에 담으라."라는 말씀이 있다. 기존의 습관을 벗지 못하면, 새로운 마음으로 생각하고 행동하기 어려워진다. 기존의 습관과 모든 것을 반대로 생각하고 행동으로 옮겨보자. 불가능한 것들이 가능케 되는 기적이 일어날 것이다.

슬기로운 인생을 살아가기 위해 고민하며 5가지의 공식을 세워보았다. 오늘부터 이 공식을 실천해보자. 마음으로 품고, 행동으로 창조하는 삶을 살아가자. 슬기롭고 지혜 가득한 인생은 멀리 있지 않다.

08

왜 이렇게 나는 시간에 쫓겨 살면서도 행복할까?

산더미같이 많은 일을 앞에 두면, '이것을 언제 다 하지?', '과연 내가 잘해낼 수 있을까?', '그냥 다 포기하고 어딘가로 떠나고 싶다.', '누가 내 일을 대신해주면 좋겠다.'라는 여러 생각들이 올라온다. 그리고 많은 일을 짧은 시간에 해내야 한다면, 더욱 긴장도와 스트레스 지수가 올라가기 마련이다. 나를 닦달하는 직장 업무, 개인 업무로 인해 우리는 쉽게 녹초가 되고, 몸과 마음이 지쳐 병을 얻기도 한다.

의사가 되어 나는 병원을 위해 열심히 일하는 '일개미'였다. 여왕개미를 위해 피땀 흘리며 나의 모든 시간과 정열을 바쳤다. 나는 어느새 일중독이 되었다. 많은 일을 잘 처리하고, 빠르게 해결하고 싶은 욕심은 늘 커져만 갔다. 일을 해결하면 더 많은 일, 더 큰 일이 내 앞에 주어졌다. 겉으로 봐서는 누구보다 성실하고, 책임감 있게 업무를 수행했지만, 마음은 행복하지 않았다. 일에 허덕이다 보니, 다른 사람의 칭찬이나 인정을 받아도 내 마음이 그것을 받아들이지 못하였다.

이와 반대로 〈한책협〉의 책쓰기 과정과 1인 창업 과정 등 여러 수업을 들었던 시간은 그런 마음이 들지 않았다. 기존의 직장 생활과의 차이라고 하면 나의 마음의 차이였다. 내가 즐겁고 행복한 일을 하면 아무리 시간에 쫓겨도 웃음이 절로 나왔다. 이전부터 내가 하고 싶었던 일을 마음껏 하게 되면, 마치 천국에 온 것 같은 느낌을 받는다. 순수한 열정, 기쁨, 도전에 깊이 빠져 그 느낌에 충실해보니 마음이 참으로 행복했다. 늘 무표정이었던 내가 조금씩 얼굴에 웃음을 되찾을 수 있었다.

〈한책협〉에서 책쓰기를 배우고, 의식을 깨우는 강의를 들으며, 내가 추구하는 삶을 곰곰이 생각해보았다. 나의 마음속에는 물질적으로, 의식적으로 풍요로운 삶을 살고 싶다는 열망이 자리하고 있었다. 나는 지금까지 나 자신을 완전히 속이며 살아왔다. 나에게 가장 위험한 존재는 '나'였던 것이다. 윤리적, 도덕적 잣대로 나 자신을 심판했다. 부자를 부러워하면서도 부자나 돈에 대한 부정적인 사고를 해왔다. 그리고 부를 드러내는 것이 사치이고, 교만함과 어리석은 일이라고 치부하기도 했다.

나는 이제 모든 상황과 사람 앞에 진실함을 추구하기로 결정했다. 내 영혼의 순수한 기쁨과 만족을 위해 나의 꿈과 열망을 드러내는 삶을 즐겁게 살아가고자 한다. 몸과 마음이 모두 풍요로운 부자를 꿈꾸며, 인생이 제대로 된 부자 공부를 시작하게 되었다.

엠제이 드마코가 집필한, 세계적인 베스트셀러 『부의 추월차선』에는 부자들이 갖고 있는 시간 개념에 대하여 이렇게 이야기하고 있다.

"추월차선을 달리는 사람들은 시간이 가장 소중한 자신이기 때문에 의사결정에 있어서도 시간을 핵심 고려 사항으로 간주한다. 이들이 시간을 아끼는 반면, 서행차선을 달리는 사람들은 돈을 아낀다. 인도를 걷는 사람과 서행차선을 달리는 사람들은 돈을 의사 결정에 있어서 유일한 기준으로 여긴다. 어떤 일이 가장 보수가 좋을까? 가장 싼 물건은 어디에서 팔지? 어떻게 하면 치킨을 공짜로 얻을 수 있을까? 그들에게 돈은 귀한 것이고 시간은 그 뒤에 밀려나서 어지러운 것들을 정리하는 것이다. 그러나 당신이 부자가 되기를 원한다면 부자의 마인드로 생각해야 한다. 무엇보다 시간이 최고라는 점이다."

부자들은 어떤 것보다 시간을 중요하게 여긴다는 것을 처음 알게 되었다. 〈부의 추월차선〉은 인도, 서행차선을 가는 가난한 사람과, 빠르게 추월차선을 달리는 부유한 사람의 차이를 서술해놓았다.

나는 '돈', '부자'에 대하여 어떻게 생각하며 살아왔는지 돌아보게 되었다. 그다지 긍정적인 생각을 해본 적은 없었다. 〈흥부와 놀부〉의 놀부, 〈크리스마스 캐롤〉의 스크루지 영감, 〈혹부리 영감〉의 혹부리 영감 등 욕심을 부리는 사람들은 벌을 받게 된다는 이야기를 어릴 때부터 많이 접해왔다. "나는 돈을 많이 벌어 부자가 될 거야."라고 가족이나 지인에게 말하면, 허깨비 같은 꿈을 꾼다고 잔소리를 듣기도 하였다.

어린 시절 '돈'에 대하여 들었던 이야기는 그렇게 좋지 못했다. "절대 주식은 손대지 말아야 한다. 패가망신하는 지름길이야.", "절약은 최고의 미덕이다.", "취직하면 꾸준히 저축해서 성실하게 적금하도록 해.", "빚을 지는 것은 어떻게든 막아야 해."라고 가족들은 말씀하셨다. 나는 어릴 적부터 돈을 많이 가지고 있다면, 나만을 위해서가 아니라, 다른 사람을 돕는 곳에도 쓰고 싶다는 마음이 항상 있었다. 하지만 현실은 늘 돈에 허덕였다. 돈이 새어나가는 상황이 계속되었다. 나의 사정을 잘 모르는 사람들은 의사가 되어서 돈을 많이 벌겠다고 말했다. 나의 주머니 사정과 마음은 돈에 대한 결핍으로 가득 차 있었다.

나는 '돈', '부자'에 대한 기존의 고정 관념을 버려보기로 마음을 먹었다. 이 세상에는 이기적인 부자들도 있지만, 이타적인 부자도 있다는 것을 알게 되었다. 더 아름다운 세상을 만들기 위해 거액의 돈을 기부하며 사회적 역할을 하는 부자들 말이다. 나는 그런 선한 부자가 되기로 결정했고, 돈에 대한 공부를 시작하게 되었다.

위에서 언급했던, 『부의 추월차선』 일부 인용 내용을 다시 살펴보자. 부자에게는 돈보다 시간을 아끼는 것이 더 중요하다고 나와 있다. 나는 시간보다는 돈을 더 아끼며 살아왔다. 실제로 부자들은 돈을 더 투자하여, 다른 사람의 시간을 산다. 그리고 더 큰 삶의 목적을 바라보며, 시간을 아껴 도전하고 투자하는 삶을 사는 것에 집중한다. 가난한 사람의 마인드와는 하늘과 땅 차이가 나는 발상이다.

스스로 가난한 마인드라는 것을 알아차리지 못한다면, 가난함에서 결단코 벗어날 수 없다. 성공하고 싶으면 성공자가 어떤 과정을 거쳐 성공했는지 공부해야 한다. 부자가 어떻게 부를 이루고, 더 큰 부를 경영해가는지 배워한다. 돈과 부자에 대한 공부를 시작하면서, 가난한 마인드와 부자의 마인드는 삶의 모든 영역에 대해 바라보는 시선이 다르다는 사실을 알게 되었다. 지금까지 의대 입시와 의사가 되면서 들였던 나의 노력처럼, 돈과 부자가 되는 것도 치열하게 공부해보고 싶다. 그리고 이기적인 나의 욕심을 내세우지 않고, 세상에 선한 영향력을 끼치는 선한 부자가 될 것이다. 앞으로 5년 후, 10년 후에 나는 지금과는 현저히 다른 삶을 살고 있으리라 기쁘게 상상해본다.

나는 그동안 늘 돈, 시간에 쫓기는 삶을 살아왔다. 가난한 마인드를 가지고 있어 그렇게 사는 것이 나의 최선이라고 생각했다. 몸과 마음의 여유를 잃어버리니, 스트레스와 마음의 짐이 점점 쌓여갔다. 걱정으로 잠을 청할 때면, 아래 이빨이 흔들려 모조리 빠지는 꿈을 자주 꾸곤 했다.

눈을 뜨고 있는 시간도, 눈을 감고 자고 있는 시간도 편안하지 못했다.

그러나 다행히도 이러한 삶을 청산할 수 있는 기회가 나에게 주어졌다. 이 모든 것은 〈한책협〉을 만나, 책쓰기를 시작하면서부터였다. 책을 쓰며 나의 삶을 돌아보고, 나의 삶에서 우러나오는 경험과 지혜를 퍼스널 브랜딩 하는 방법을 배울 수 있게 되었다. 나 스스로 찾아서 하려고 하면, 수많은 시행착오에 걸려 넘어져 쉽게 포기하고 말았을 것이다.

의식의 성장, 물질적인 성장을 함께 이루며, 나의 영혼의 목적을 이루는 삶을 살 수 있도록 지도해주는 곳. 〈한책협〉 덕분에 나는 나의 꿈을 찾고, 꿈을 이뤄가는 아름다운 여정을 시작할 수 있게 되었다. 나는 내가 하고 싶은 것을 누리며, 다른 사람도 함께 잘되는 것을 소망한다. 내가 선택한 '의사'라는 멋진 직업에 '메신저'라는 단어를 붙여보았다. '의사 메신저.' 내가 살아가는 의사의 삶을 통해, 많은 이들과 함께 꿈꾸고 이뤄가는 삶을 그려나갈 것이다.

이제는 시간에 쫓기더라도, 시간에 쫓긴다고 생각하지 않게 되었다. 책쓰기를 통해 몸과 마음의 여유를 찾아 나갔다. 시간이 부족하면, 부족한 대로 즐기게 되었다. 마인드가 변하니 나의 삶이 전부 아름답게 변했다. 시간에 쫓기지만 행복할 수 있는 비결을 바로 여기에서 찾게 되었다.

책을 딱
한 권만

5장

박
수
은

썼을 뿐인데
인생이 180도
달라졌다

박수은

약력 : 동국대학교 졸업, 기간제 교사, 학습지 교사, 애터미 네트워크 사업 등 사회생활 과정의 수많은 실패 경험, 현재 작가의 꿈을 키우며 가족과 함께 치킨 가게 운영

저서 : 『불안한 삶을 일으켜 세우는 긍정의 기술』, 『나를 사랑하게 되는 자존감 회복 글쓰기 훈련』(공저)

내가 제일 잘한 일은 책을 쓴 일이다

나는 긍정적인 마음보다는 부정적인 마음을 많이 가지고 있는 사람이었다. 살면서 산전수전 공중전을 다 겪어서 그런지 나와 관계되는 모든 것들에 부정적인 마음이 들었다. 친구들을 만나기도 두려워서 연락을 끊고 살다시피 했다. 항상 나 자신을 원망하며 미워하고 주변과 비교하며 남 탓만 하고 있었다. 내 눈에 보이는 세상에 부정적이고 곱지 못한 시선을 가진 내가 할 수 있는 일은 아무것도 없었다. 몸도 마음도 가난한 나는 지쳐 있었다. 지쳐 있는 나를 어떤 것도 일으켜 세워줄 수는 없었다.

어느 날 유튜브를 보고 있는데 〈킴도사〉의 동영상이 떴다. '왜 자신을 도사라 할까?'라는 궁금증이 생겼다. 동영상을 보니 본인은 150억 자산가이며 대한민국에서 최고로 잘 가르치는 책쓰기 코치라고 자신을 소개했다. 〈킴도사〉를 보면서 머리를 번개로 한 대 맞은 느낌이었다. 김태광 대표님은 자존감을 높여주는 의식에 관한 이야기와 멘탈 강해지는 말들을 하고 있었다. 동영상을 자주 보았지만 의식에 관한 이야기로 나를 뒤흔드는 유튜버는 없었다. 김태광 대표는 "성공해서 책을 쓰는 것이 아니라, 책을 써야 성공한다."라는 이상한 말을 했다. '평범한 사람이 책을 쓰다니?', '어떻게 무슨 내용을 가지고 책을 쓰지?'라는 의문을 가지게 되었고 '평범한 사람이 무슨 책을 써.'라며 무시해버렸다. 나는 책쓰기엔 너무 평범한 사람이었기 때문이다.

성공한 사람이 책 쓴 건 많이 봤지만 평범한 사람이 책을 쓴다는 건 생각지도 못한 일이었다. 그러나 시간이 갈수록 "성공해서 책을 쓰는 것이 아니라, 책을 써야 성공한다."라는 말이 귓가를 맴돌았다. "평범한 사람이 책을 써야 성공한다."라는 말이 계속 내 머리와 가슴을 흔들고 있었다. "평범한 사람이 책을 쓸 수 있다."는데 '나도 한번 써볼까?'라는 생각과 '아니야. 내가 무슨 책을 써? 내 주제를 알아야지.'라는 생각을 오가며 계속 마음을 닫아두고 있었다.

"지금부터 책을 써서 인생 2막을 준비하라."라는 김태광 대표에 관한

책과 동영상을 찾아보게 되었고 그가 운영하는 네이버 카페 〈한책협〉에 가입하게 되었다. 〈한책협〉에 가입하고 그의 책『100억 부자 생각의 비밀 필사 노트』를 읽게 되었다. 『100억 부자 생각의 비밀 필사 노트』는 지쳐 있는 나를 치유해주고 의식을 변화시켜 주는 책이 되었다. 『100억 부자 생각의 비밀 필사 노트』 중에 이런 내용이 있었다. "책은 평범한 나를 비범한 존재로 만든다. 책을 펴내게 되면 작가, 코치, 강연가, 사업가, 1인 창업 시스템으로 나날이 성장하는 인생을 살게 된다."라는 내용을 보게 되었다. 그리고 책을 쓰면 좋은 10가지 이유도 있었다. 10가지 이유 중 여덟 번째 항목에 내 눈이 꽂혀버렸다. "자존감이 높아진다."라는 글귀 때문이었다.

그때 내 자존감은 땅이 아니라 땅속까지 꺼져 들어가 있었다. 암에 걸렸다는 이유만으로 내 인생은 끝나 있었다. 언제 죽을지도 모르는데 내게 삶의 희망이나 있었을까. 자존감이라고는 없는 나만의 동굴 속에 갇혀 있는 사람이었다. 그때 한 줄기 빛처럼 김태광 대표의 글귀를 보게 된 것이다. 『김대리는 어떻게 1개월 만에 작가가 됐을까』의 책 속에 이런 글귀가 있다. "자존감이 '껌딱지'라면 지금 당장 책을 써라!" 이 구절은 나의 껌딱지인 자존감을 높이기에 안성맞춤인 말이었다. 깜깜한 동굴 속을 빠져나오는 계기가 되었다. 나의 자존감 회복을 위해 책쓰기를 돌파구로 이용하기로 했다.

한 번 사는 인생인데 한번 해보자. 평범한 사람도 책을 쓸 수 있다는 희망을 품고 책쓰기 1일 특강을 신청했다. 〈한책협〉에 가입한 지 딱 1년 만이었다. 〈한책협〉 카페에서는 믿지 못할 일들이 계속 일어나고 있었다. 작가들의 계약이 매일 이루어지고 있었다. 도대체 이런 일이 어떻게 일어나는지 궁금했다. 평범한 사람들이 책쓰기도 쉽지 않은데, 책 출간도 쉽지 않은데 정말 거짓말이 아닌가 싶을 정도로 계약이 이루어지고 있었기 때문이었다. '무슨 사기 집단인가?'라는 생각도 들었다. 책쓰기 계약이 빠르면 2주 만에, 늦어도 한 달 만에 출간 계약이 이루어졌다는 글들이 올라오고 있었기 때문이었다. 책쓰기 특강에서 김태광 대표는 "성공해서 책을 쓰는 것이 아니라, 책을 써야 성공한다.", "대부분 운의 99%는 책을 쓴 후 찾아왔다!"라고 했다. 나는 성공과 운을 믿어보기로 했다. 그만큼 운을 받아서 성공하고 싶고 나의 자존감을 올리기에 간절했던 것 같다.

책쓰기를 등록하려는데 비용이 만만치 않아 깜짝 놀랐다. 비용을 어떻게 마련해야 할지 걱정이 되었다. 집엔 책 쓴다는 이야기를 하지 않았다. "평범한 사람이 무슨 책을 써."라며 미쳤다고 할 게 뻔했고 비용을 말하기도 힘들었다. 뒤로 나자빠질지도 모르기 때문이었다. 그래서 가족들에겐 말하지 않고 가지고 있던 주식과 비트코인을 정리해서 책쓰기 과정에 등록하게 되었다. 책쓰기 과정을 등록하고 나니 이번엔 두려움이 몰려

오기 시작했다. 내가 과연 책을 쓸 수 있을까? 평범한 그것도 아주 평범한 내가 책을 쓸 수 있을까? 고민이 되었다. 목숨 걸고 코칭하는 본인만 믿고 따라오라는 김태광 대표는 카톡 보내고 문자 보내는 실력만 있으면 누구나 책을 쓸 수 있다며 용기를 내보라는 말을 했다.

책쓰기에 희망을 품고 도전을 하게 된 계기는 운명처럼 다가왔다. 하느님이 보냈을까? 내가 찾지도 않았던 김태광 대표의 스르르 내게 온 것이었다. 동영상이 내게 오지 않았다면 어떻게 내가 책쓰기를 할 수 있었을까. 이것 또한 하늘의 뜻인 것 같다. 책을 쓰게 되면 내 자존감 회복에 도움이 될 것 같았다. 밑바닥에 있는 내 자존감을 끌어올릴 수 있을 것 같았다. 내 생각을 정리하고 내 꿈을 이룰 수 있을 것 같았다. 어느 순간 잃어버린 나의 꿈을. 어느 날 노트에 써놓은 버킷리스트를 보게 되었다. 버킷리스트에 적힌 꿈 목록을 보니 자서전 쓰기가 있었다. 앗! 내가 이런 꿈을 가지고 있었구나. 내 의식 속에는 책을 언젠가는 쓰겠다는 막연한 꿈이 있었다. 꿈을 이룰 기회가 내가 생각했던 것보다 훨씬 빨리 찾아왔을 뿐이었다.

누구나 한 번쯤 자신의 책을 내고 싶다는 상상을 하지 않을까? 내 이름이 적힌 책이 서점에 있다는 상상을 하면 너무 멋진 일이다. 내 이름을 달고 내 책들이 전국으로, 전 세계로 날아간다는 것을 생각만 해도 입가에 웃음이 지어진다. 이런 상상을 할 수 있는 것도 책을 쓴 덕분이다. 책을 써서 누군가에게 희망이 되고 도움이 된다면 더할 나위 없이 기쁜 일이다. 책을 써서 나의 특별함이 발견되고 저서라는 결과물이 나온다면 나 자신의 발전은 물론이고 가족도 행복해할 것이기 때문이다. 책을 쓰고 있으면 삶에 대한 식었던 열정이 되살아나곤 한다. 열등감으로 기죽어 있던 내 자존감은 어느새 높아지고 있다. 나는 베스트셀러 작가가 되어 있기도 하고 월 1억 버는 1인 창업가가 될 수도 있다.

갑자기 친정엄마 생각이 난다. 살아생전 친정엄마는 당신의 이야기로 책을 쓴다면 장장 10권은 넘는 장편소설이 된다고 했다. 그때 나는 어려서 이해할 수 없었지만, 지금이라면 쓸 수 있을 것 같다는 말이 이해가 된다. 엄마의 살아왔던 경험들, 하고 싶은 이야기들이 얼마나 많았을까. 엄마의 살아온 세월을 어떻게 다 말로 표현할 수 있을까. 그러고 보니 평범한 사람이었던 엄마가 책을 쓰고 싶었던 것처럼 나도 나의 경험과 살아온 이야기들로 책쓰기를 결정하니 벌써 내 인생에서 주인공이 된 것 같다.

내가 희망이 없을 때 삶에 지쳐갈 때 모든 걸 포기하고 싶을 때 책쓰기를 했다. 책을 출간하고 난 뒤 작가로서의 내 인생은 정말 행복하다. 독자에서 저자로 신분 상승이 된 나는 꿈과 감동을 주는 메신저가 되어 더 많은 경험과 지식을 알려주고 도움을 주고 싶다. 나는 지금껏 막연한 두려움을 안고 살았다. 내 인생에 행운이 오기만을 기다렸다. 그러나 이제 나는 기다리지 않는다. 책을 쓰면서 내가 무엇을 원하는지 알게 되었다. 수동적인 태도에서 벗어나서 스스로 책쓰기로 꿈을 이룰 수 있다는 희망이 생겼다. 내가 책쓰기를 하면서 내 속의 거인을 끄집어내어 내 꿈을 향해 힘껏 날아올라 작가의 삶을 살아갈 수 있다는 것은 가슴 설레는 일이다.

"내가 제일 잘한 일은 책을 쓴 일이다."

당신이 책을 써야 하는 진짜 이유

"당신은 왜 책을 써야 하는가?"

우리는 책을 쓴다고 하면 성공한 사람만 책을 쓸 수 있다고 생각한다. 나도 책을 쓸 때 '평범한 사람인 내가 어떻게 책을 쓸 수 있을까?'라는 많은 두려움을 가지고 있었다. 그러나 책을 쓰면서 평범한 사람인 내가 비범하게 바뀌어가는 걸 느낄 수 있었다. 경쟁력을 갖춘 사람이 된 것이다. 내가 쓸 책 주제와 관련된 자료를 찾으며 공부하면서 지식을 습득할 수 있었다. 살아온 세월을 정리할 수 있었으며 자신의 새로운 모습을 발견할 수 있게 되었다. 책을 씀으로써 자신의 재능을 발견할 수도 있다. 자신의 이름으로 된 책 한 권은 자신의 퍼스널 브랜딩이 될 수 있다. 책 쓴 덕분에 아주 훌륭한 전문가가 될 수 있다. 내가 누군지 알리려면 책을 쓴 사람이 더 유리하고 나의 소개서가 되기 때문이다.

　책을 쓰다 보면 산에 오를 때와 같이 심장이 터질 듯이 숨이 가빠 금방이라도 죽을 것같이 힘들 때가 있다. 이런 순간이 가끔 찾아온다. 이럴 때는 아무 생각 없이 잠시 내려놓고 쉬었다가 가야 한다. 2021년 여름에 합천 가야산 만물상 코스를 산행한 적이 있다. 난이도가 매우 어려운 코스를 택했다. 얼마나 힘든 코스인지 산행 중간중간에 쉬면서 천천히 가라는 심장안전 쉼터 공간을 만들어두고 있었다. 그리고 반달가슴곰도 가끔 출현한다고 하니 산행하면서도 손에 들고 있는 지팡이를 놓칠세라 꼭 붙잡고 있었다. 나타나면 당장이라도 때려잡을 기세처럼. 산을 오르다 나무 아래에서 한숨 돌리면 살랑살랑 불어오는 바람에 땀이 식어서 언제 힘들었냐며 다시 산 정상을 향해 뚜벅뚜벅 나아가게 된다. 책을 쓰는 것도 산 정상에 오르는 일과 같다. 나아갈수록 몸이 풀리기 때문이다.

　책 한 권을 완성하고 나면 그 뿌듯함이란 이루 말할 수 없다. 그리고 나면 책을 2권, 3권을 쓸 수 있는 능력이 생기게 되는 것이다. 책을 써서 성공한 사람들을 보면 처음엔 한 권 쓰기도 무척 어려웠다고 했다. 계속 글을 쓰다 보니 필력도 생기고 점차 글 쓰는 실력도 늘어나서 글쓰기가 쉬워진다고 했다. 네이버 카페 〈한책협〉 대표 책쓰기 코칭계 구루로 불리는 김태광 대표는 24년간 1,355권의 책을 기획 및 집필했다. "성공한 사람이 책쓰는 것이 아니라, 평범한 사람이 책을 써야 성공한다."라는 명언을 남겼다. 책을 써야 하는 이유는 너무 많다고 생각한다. 우리나라에서 책쓰는 사람은 고작 0.1%밖에 안 된다. 책 읽는 사람도 2%밖에 되지 않는다. 아직도 책쓰기를 미룰 것인가? 생각해보아야 할 것이다.

『종이 위의 기적 쓰면 이루어진다』에 이런 구절이 있다. "당신이 쓰는 순간 모든 것이 이루어진다! 당신이 펜을 드는 순간, 당신의 삶은 기적처럼 바뀐다! 마치 거짓말처럼!" 책을 쓰게 되면 거짓말처럼 보이지 않던 꿈이 생기고 자신감이 생기게 된다. 나를 인정하게 되고 나 자신을 믿게 된다. 세상에 마주하는 힘이 생기게 된다. 내가 몰랐던 내 안의 거인을 발견하게 되고 위대한 생각을 가지게 된다. 나의 가장 아팠던 감정들도 치유가 된다. 열등감도 책을 쓰면서 극복하게 된다. '내가 제일 잘 나가!'라며 어깨를 펴고 가슴을 펴는 당당한 사람이 된다. 자존감이 회복되고 높아진다. 부정적인 사고에서 긍정적인 사고로 전환하게 된다. 나 자신의 살아온 날들을 정리할 수 있게 된다. 독자에서 저자의 위치로 신분 상승도 하게 된다.

책을 써야 하는 이유는 무수히 많다. 시간을 낭비하지 말라고 얘기하고 싶다. '우물쭈물하다가 책 못 썼네.' 하지 말고 책을 써야 한다는 것이다. 독일 작가 실러는 시간의 걸음에는 3가지가 있다면서 "미래는 주저하면서 다가오고 현재는 화살처럼 날아가고 과거는 영원히 정지되어 있다."라고 했다. 우리의 현재는 미친 듯이 빠르게 지나가고 있다. 주저할 틈이 없다. 주저하면서 다가오는 우리의 미래를 책을 씀으로써 적극적으로 받아들이게 된다. 미래를 자신감으로 받아들이게 된다. 우리의 미래가 겁나지 않게 준비가 되어 있기 때문이다.

책을 쓰면서 내가 어떤 사람인지 제대로 알 수 있게 되었다. 남의 시선에서 벗어나 주도적인 삶을 살게 되었다. '싫어.'라는 말도 하게 되었다. 이래도 좋고 저래도 좋은 것이 아니라 이제는 선을 분명히 할 수 있는 사람이 되었다. 책을 쓰면서 꿈도 생겼다. 늘 가난한 생각만 했던 내가 성공한 부자가 되는 꿈을 가지게 되었다. '부자는 하늘이 내려준 사람만 되는 거야.', '부모의 뒷받침이 있어야 하지.', '성공한 사람들은 원래 능력이 좋잖아.'라며 포기를 하고 있었다. 가난한 의식이 가져다준 결과였다. 나의 의식은 가난해질 대로 가난해져 있었기 때문이다. 가난했던 의식이 책을 쓰면서 부자 의식으로 바뀌어 간다. 부자 의식과 성공자 의식을 가지게 된다. 믿음으로 걷게 되고 이미 이루어진 것처럼 살게 된다. 책쓰기도 끝에서 시작해야 한다. 나의 잘된 모습만 생각하며 책을 써야 행복해진다. 인생은 생각보다 짧다. 20대는 하루의 시간이 너무 길어서 '시간아, 빨리 가라.'라고 빌 정도였다. 그러나 지금 나이가 되어 보니 시간이 너무 빨라 밧줄로 꽁꽁 묶어두고 싶다. 소원 빌었던 걸 취소하고 싶을 뿐이다. 마음먹었을 때, 느낌이 왔을 때 무엇이든지 해냈으면 좋겠다.

책을 쓰고 나니 진귀한 풍경들이 나타났다. SNS를 하다 보면 나도 모르는 사람들에게서 책을 샀다는 연락이 오기도 한다. 언니는 책쓰느라 수고했다고 봉투에 용돈을 넣어주었다. 친구들은 책쓰느라 고생했다고 밥을 사주었다. 애터미 사업을 같이하는 내 파트너 사장님들은 책을 가지고 와서 사인을 받겠다고 했다. 한낱 독자였던 내가 작가가 되고 나니 사람들이 나를 대하는 태도가 달라졌다. 책을 쓰는 것이 쉽지 않다고 생각하기 때문인 것 같다. 드러나지 않은 존재에서 대단한 존재로 반짝반짝 빛이 나는 느낌이다. 독자와의 만남에서 어떤 독자는 책쓰기 어려운데 종종 어떻게 썼냐고 물어보기도 한다. 책쓰기도 어렵고 책을 출간했다는 것을 더 놀랍게 느끼는 것 같다.

책을 어떻게 썼냐고 묻는 사람들에게 나는 〈한책협〉의 김태광 대표를 찾아가라고 얘기한다. 책쓰기 코칭으로는 전 세계 최고이고 빠르게 작가로 만들어주기 때문이다. 시간을 끌수록 좋은 게 아니라는 걸 경험해봤기 때문일 것이다. 나는 될 수 있으면 책을 빨리 쓰라고 권유한다. 한 살이라도 젊을 때 새로운 세상을 경험해보라고 한다. 현재 하고 있는 생활로만 만족하지 말고 새로운 세상으로 나가 작가, 코치, 강연가, 1인 창업가로 눈을 떠보라고 말을 해준다. 세상은 넓고 할 일은 많으니까.

책을 쓰고 난 뒤, 나는 앞으로 살면서 할 일들과 주변 사람들에게 갚아야 할 게 많아졌다. 나에게 베풀어준 사랑들을 도로 갚아나가야 하기 때문이다. 하나하나 갚아 가면서 재미있는 삶을 살 수 있을 것 같다. 받았던 사랑을 다시 돌려줄 생각을 하게 되니 콧노래가 절로 나오고 기분이 좋아진다.

책을 쓴다고 인생이 달라질까? 물론이다. 나는 책을 쓰고 난 뒤에 인생이 180도 달라졌다. 책을 쓰기 전에는 나의 자존감은 바닥이었는데 책을 쓰면서 자존감이 무척 높아졌다. 목소리가 낮았는데 목소리가 높아졌다. '할 수 없다.'라고 생각하던 것에서 벗어나 '할 수 있다.'라는 생각을 하게 되었다. 모닝루틴이 없었는데 책을 쓰면서 모닝루틴이 생겼다. 6시 기상, 따뜻한 물 마시기, 책 읽기, 걷기, 스트레칭하기, 버터플라이 허그 하기(나를 다독이는 것), 커피 마시기 등이 생겼다. 지금도 꾸준하게 하고 있다.

책을 쓰기 전에는 눈만 즐거운 책을 읽었다. 책을 쓰고 김태광 대표를 만난 뒤로는 나의 의식을 깨워주는 책들을 읽게 되었다. 책쓰기 전에는 의식 공부를 몰랐기 때문이다. 김태광 대표를 만나 책을 쓰면서 의식 공부도 하게 되었다. 의식 성장이 되면서 책쓰기는 나를 꿈꾸게 했다. 침울하던 내가 잘 웃게 되었다. 하루는 아들이 물었다. "엄마! 뭐 좋은 일 있어. 왜 자꾸 웃어?" 나도 모르게 웃고 있었기 때문이었다. 내 삶이 즐거워지니 행복이 저절로 찾아왔다. 책쓰기를 하면서 내 꿈이, 그리고 삶에 대한 식었던 열정들이 되살아났다. 내 주변에 일어나는 모든 것들이 책의 주제가 되듯이 내 삶의 경험들이 책 속에 고스란히 스며들어 선한 영향력을 끼치는 사람이 될 수도 있기 때문이다.

마지막으로, 김태광 대표의 『100억 부자 생각의 비밀 필사 노트』에 있는 10가지를 보면 당신이 책을 써야 하는 진짜 이유를 알 수 있다.

"첫째, 보이지 않던 꿈이 명확해진다.
둘째, 삶의 우선순위를 정하게 된다.
셋째, 학벌을 위한 공부를 하지 않게 된다.
넷째, 자신만의 천재적인 재능을 발견하게 된다.
다섯째, 책을 펴내는 순간, 독자에서 저자의 위치로 신분 상승하게 된다.
여섯째, 부정적인 사고에서 긍정적인 사고로 전환하게 된다.
일곱째, 책 출간이라는 평생의 꿈이 실현된다.
여덟째, 자존감이 높아진다.

아홉째, 가족과 친척, 친구들, 동료들로부터 찬사를 듣게 된다.

열째, 자식들에게 삶의 지혜를 유산으로 물려줄 수 있다."

나이 드는 게 불안하다는 사람들에게

나는 나이가 들어가는 게 요즘 들어서 너무 편안하다. '아프니까 청춘이다.'를 상징하는 20대로 다시 돌아가라면 '아니! 아니! 난 안 가. 못 간다고 전해라.'라고 말하고 싶다. 중2병에 걸린 것처럼 질풍노도와 취업문제와 어떻게 살 것인지 또 새롭게 고민을 해야만 할 것 같기 때문이다. 전쟁을 치르면 고통이 따르듯이 젊은 날로 돌아가라면 전쟁보다 더 고통스러울 것 같다.

나도 나이 든다는 게 너무 불안하던 때가 있었다. 나는 나이가 들지 않을 줄 알았다. 그런데 나이는 자꾸 들고 아무것도 이루어놓은 게 없었다.

돈을 많이 모은 것도 아니고 건강이 좋은 것도 아니었다. 돈과 건강 두 가지를 잃어버렸다면 세상 다 잃은 것이 아니었을까. 나이 드는 게 불안해도 너무 불안한 나날들이었다. 잠을 자려면 심장이 두근거리고 밤잠을 설치기 일쑤였다. 나이 드는 게 너무 불안해지니 살아가는 날들이 희망이 아닌 절망으로 바뀌는 것 같았다. 현실은 나아지기는커녕 점점 더 힘들어지고 있었기 때문이다.

어느 날 문득 나이 드는 게 불안한 내 삶에 내가 무엇을 할 수 있을까를 찾고 있었다. 동영상도 찾아보고 강의도 찾아 헤매고 있었다. 그러던 불안한 내 삶에 한 줄기 빛처럼 찾아온 고마운 존재가 있었다. 바로 책쓰기였다. 김태광 대표의 1일 책쓰기 특강을 듣고 결단을 내렸다. 김태광 대표의 책쓰기 특강은 불안했던 나의 삶에 희망을 품게 해주었다. 희망이 없을 때 유일한 희망은 희망을 품는 것이라는 말처럼 나의 삶에 희망이라는 한 줄기 빛이 들어오고 있었다. 내가 살아온 날들, 내 인생의 아름다웠던 순간들과 힘들었던 순간들을 정리해보고 싶었다. 난 꿈이 생겨났고 삶에 활력소가 생겼다. 책쓰기라는 목표가 생기니 나이 드는 게 뭔 대수냐 하는 생각이 들었고 나이 들어서도 할 수 있다는 게 생긴 게 너무 기뻤다.

현재 내 나이 58세, 책쓰기라는 새로운 도전장을 내밀었다. 더도 말고 지금 딱 나이가 멈추었으면 좋겠다. 나이가 언제 이렇게 먹었지? 나도 가끔 내 나이에 끔찍 놀란다. 거울을 보기가 싫어져 될 수 있으면 거울을 멀리하려고 했다. 얼굴에 생긴 주름살과 축 처진 볼살을 볼 때면 내 심장이 '쿵' 하고 떨어지는 소리가 들리기 때문이었다. 그렇지만 이제 나이 든 지금의 내가 너무 좋다. 아이들도 어느덧 커서 성인이 되었고 남편과의 관계도 영원한 동지처럼 전우애로 이루어져 있다. 아이들 어릴 때는 내가 할 수 있는 게 없었다. 아이들이 다 자라고 나니 배우고 싶은 게 있다면 시간 제한 받지 않고 배울 수 있게 되었다. 나이 드는 것이 마냥 불안한 것은 아닌 것 같다. 나이가 든다고 해서 불안해질 이유는 없다.

"Live and let live."

나이가 들어도 "나는 내 소신대로 살게요."라며 소신대로 살아가는 사람들이 셀 수 없이 많다. 70세의 유튜버 밀라논나는 그런 사람에 속하는 것 같다. 유튜브를 늦은 나이에 개설해서 젊은 사람들보다 더 많은 40만 명이라는 구독자를 가지고 있다. 자신의 최대 장점을 살려 패션에 관한 정보를 알려주고 이탈리아에서의 일상 생활의 루틴까지 배울 수 있어 너무 좋다. 그녀를 보면 나이가 들었다는 생각이 전혀 들지 않는다. 나이가 문제가 되지 않는 그녀이다.

나이 들어도 멋진 사람들이 너무 많다. 앞으로의 나의 모습이 될 거라고 꿈꾸어 본다. 66세 프랭크 맥코트는 자전적 소설『안젤라의 재』로 퓰리처상과 국제비평가상을 받았다. 그는 60세가 넘어서야 작가가 되어 역경을 이기고 뜻을 이룬 사람이었다. 로라 잉걸스 와일더는 65세에 처음 책을 썼다고 한다. 다른 사람들은 자신이 나이를 먹었는데 무얼 할 수 있어 하며 삶에 안주했지만, 그녀는 다시 펜을 집어 들고 책을 썼던 것이었다. 그랜마 모제스는 78세의 나이에 미술을 시작했다. 그녀는 100세가 될 때까지 그림을 그렸으며 "삶은 우리 자신이 만드는 것이다. 늘 그래왔고 앞으로도 그러할 것이다."라는 유명한 말을 남겼다. 우리는 나이가 있다고 해서 못할 것이란 지레짐작을 한다. 괜히 남의 눈을 신경 쓰고 남이 나를 판단하도록 내버려 둔다. 주도적인 내가 되어야 한다.

나이 드는 게 불안해서 나는 작가가 되기로 마음먹었다. 어른들이 그랬던가. 나이는 숫자에 불과하다고. '야 야 야 내 나이가 어때서, 세월아, 비켜라, 내 나이가 어때서' 포기는 배추 셀 때만 하면 된다고.

책을 쓰기로 마음먹었을 때 두려움이 찾아왔지만, 책을 출간할 수 있다는 생각에 기쁨은 쓰나미처럼 찾아왔다. 책쓰기를 하면서 달라진 점은 김태광 대표님 덕분에 나의 의식들이 달라져 간다는 것이다. 불안했던 나의 감정들이 하나씩 치유가 되면서 나이가 든다는 게 의식이 되지 않는 것이었다. 책쓰기는 나의 의식들을 개혁시켰으며 꿈을 찾아주기 시작했다. 불안했던 부정적이던 의식들이 긍정적인 의식으로 바뀌어갔다.

책을 출간하고 난 뒤, 나는 새로운 세계를 보았다. 주변 사람들과 친구들이 나를 대접하는 게 달라졌다. 작가로 보는 것이었다. 내 나이는 상관이 없었다. 위치가 바뀐 사람만 있었다. 어떻게 이렇게 바뀌지? 책 한 권을 썼을 뿐인데! 내가 달라지니 세상도 달라지고 있었다. 나를 대하는 태도들이 너무 변하고 있었다. 책쓰는 게 얼마나 대단한 일인데 힘들지 않았냐며 어떻게 책을 썼냐며 묻는다. 책을 쓰고 싶은데 용기를 낼 수 없다고 했다. 그러면서 존경한다는 말을 했다. 어딜 가나 작가로 대하니 얼떨떨할 뿐이다. 책을 썼더니 신문에도 나고 독자들에게 연락도 온다. 독자들과 만나면서 사진도 찍고 차도 마시면서 독자와의 대화도 가졌다. 저자와 독자와의 만남으로 책을 썼다는 것에 더 자부심을 느꼈다. 나이가드는 게 아니라 익어가는 것이라고 말하고 싶다.

작가로서의 인생 2막이 시작되었다. 나이 불문, 학력 불문, 스펙 불문이다. 존경하는 도사님은 오직 자신의 경험과 카톡과 문자 보내는 실력만 있으면 된다고 했다. '과연 내가 할 수 있을까?'라는 두려움조차도 즐기면서 하라고 한다. 나이 드는 게 불안하다고 생각하는 사람이 있다면 얼른 마음을 고쳐서 책쓰기를 해보라고 권하고 싶다. 책쓰기는 누구나 가능하며 책을 많이 읽지 않아도 책을 쓸 수 있다. 평생 책 5권 읽고 책을 낸 작가도 있다. 책을 많이 읽었다고 책쓰기를 잘하는 것도 아니라고 한다. 다만 열정이 있고 간절함이 있으면 책을 쓸 수 있다. 책을 쓰고 난 뒤의 그 행복함이란 이루 말할 수가 없다.

내가 아는 작가님은 65세이고 초등학교도 겨우 나왔다. 그렇지만 어릴 때부터 꿈이 본인의 이름으로 책을 내는 거여서 65세라는 나이에도 불구하고 자신의 책을 출간했다. 방송에서 강연 요청이 와서 방송 출연도 하면서 지금은 너무 잘나가고 있다. 책을 한 권 썼을 뿐인데 자신의 위치가 바뀌고 있다. 나이 든다고 아무것도 해보지 않고 우울하게만 있을 것인가? 자기계발을 위해서라도 무엇이라도 해야 하지 않을까?

자! 이제는 나이 드는 것에 불안해하지 말자. 어떤 것이라도 할 수 있기 때문이다. 자신을 미워하지 말고 사랑하자. 우리는 자신을 지금껏 사랑하지 않았다. 자신은 위대한 사람이라는 걸 알고 있었지만, 자신을 과소평가했다. 나이 드는 건 불안한 일이 아니다. 축복이다. 우리에게 소중하고 위대한 경험을 주었기 때문이다.

나이가 들면서 꿈도 없어지고 욕심도 없어진다는 말을 듣기도 하지만 나는 나이가 들수록 하고 싶은 일이 너무 많아진다. 어릴 때는 세상이 시켜서 하는 일들이었지만 이제는 내가 원하는 것을 할 수 있기 때문이다. 더구나 나이가 드니 뻔뻔함이 생겨 기죽는 일도 없이 소신껏 밀고 나갈 수 있으니 얼마나 좋은지 모른다. 젊다는 것과 나이 드는 것은 마음먹기에 달려 있다. 그러나 말처럼 마음먹기는 쉽지 않을 것이다. 엄마는 80세가 넘은 나이에도 마음은 18세 순이라고 했다. 엄마는 나이를 잊어버렸다. 18세에 머물러 있던 것이었다. 우리도 우리 나이를 잊어버리자. 나이 드는 게 불안하다면 이제 나이는 묻지도 말고 따지지도 말자. 우리가 꿈꾸는 것만 하자. 그렇게 해도 살아갈 시간이 모자란다.

"내 인생의 주인공은 나이기 때문이다."

책을 쓴 사람이 성공하기 쉬운 이유

책을 쓴 사람이 성공하기 쉬운 이유는 간단하다. 자신을 브랜딩 할 수 있는 도구가 하나 더 생겼고 '저자'라는 아주 큰 스펙을 가지게 되었기 때문이다. 책을 읽기만 하는 독자에서 책을 쓰는 저자로 위치를 바꿨기에 성공하기가 쉬워진다. 책을 펴내는 순간 평범한 사람이 전문가로 인정받게 된다. 책을 펴낸 사람들은 성공해서 책을 쓰는 것이 아니라 책을 써야 성공한다는 것을 알고 있다. 책을 쓰게 되면 꿈과 희망을 전달할 수 있고 앞으로 더 좋은 일들이 일어날 거라는 암시를 받게 된다. 삶은 그런 기대감으로 달라지고 성장해가는 것이기에 책을 씀으로써 성공하기 쉽게 되는 것이다.

'해리 포터' 시리즈를 쓴 조앤 K. 롤링은 책쓰기 전에는 실패, 가난, 좌절을 겪었지만 책을 쓴 후의 삶은 변해버렸다. 책 한 권 썼을 뿐인데 책쓰기 전과 책 쓴 후의 그녀의 인생은 180도로 달라져버렸다. 전 세계적으로도 책이 엄청나게 팔려나간 것은 물론이고, 엄청난 돈도 벌었다는 것이다. 그녀의 인생의 터닝 포인트에는 바로 책이 있었다.

유엔 자문위원으로 활동했던 한비야. 국제 홍보회사에서 근무하며 평범하게 지내던 그녀를 지금의 '한비야'라는 브랜딩이 되게 한 것 또한 다름 아닌 책이다. 그녀는 1996년부터 혼자서 6년간 세계여행을 하면서 체험한 내용을 『바람의 딸, 걸어서 지구 세 바퀴 반』이라는 제목의 책으로 출간했다. 책의 폭발적인 인기로 인해 그녀의 인생은 완전히 바뀌었다. 그녀는 책에다 국제 NGO 월드비전에서 일하고 싶다는 뜻을 밝혔는데, 그것이 인연이 되어 월드비전의 긴급구호팀장으로 활동하게 되었고 이를 통해 얻은 체험담을 또 책으로 펴냈다.

또 책을 쓰고 성공한 사람 중 이 시대 영향력 있는 종교인 중 한 명으로 꼽혔던 혜민 스님이 있다. 인생과 종교에 관한 철학적 메시지를 담은 책 『멈추면, 비로소 보이는 것들』을 쓴 혜민 스님은 2년에 걸쳐 그해 '최고의 베스트셀러' 작가로 독자들의 많은 사랑을 받았다. 혜민 스님이 책을 내지 않았다면 그를 우리가 어떻게 알게 되었을까? 책을 출간했기에 그의 경험이 들어 있는 철학과 불교 이야기를 쉽게 접할 수 있지 않았을까 생각이 든다. 그 누구도 혜민 스님의 진솔한 글이 이렇게 큰 반향을 불러오리라고는 생각지도 못했을 것 같다.

책을 쓰고 이름이 알려지면 그들은 한 시간 반 동안의 강연에 적게는 몇십만 원에서 많게는 몇천만 원 혹은 그 이상의 강연료를 받는다. 이뿐만이 아니다. 저서와 강연, 칼럼 기고 등으로 1년에 몇십억 원을 벌어들이는 사람들도 있다. 지금 그들은 누구보다 성공한 인생을 살고 있지만, 책을 쓰기 전에는 평범한 사람들과 별반 다르지 않았다는 것이다.

책을 쓴 사람들을 보면 난 할 수 없겠다는 생각이 들었다. 책은 스님이나 세계 여행을 한 사람이나 쓰는 거지 나같이 평범한 사람이 어떻게 쓸수 있을까 하는 생각이 들었다. 나는 스스로가 평범한 사람이라고 생각했다. 평범해도 너무 평범한 사람이라고 생각했다. 평범한 삶을 계속 이어가던 중에 책쓰기를 통해 자신의 이름을 브랜딩한 평범했던 김태광 대표의 책을 읽게 되었다. 김태광 대표의 저서 『100억 부자 생각의 비밀 필사 노트』에서 나는 충격적인 글귀를 보게 되었다.

"성공해서 책을 쓰는 것이 아니라, 책을 써야 성공한다."라는 글이다.
김태광 대표는 책쓰기에 관한 책을 출간하면서 TV · 라디오 출연, 칼럼 기고, 강연 등으로 영역을 확대해 150억 자산을 가진 눈부신 인생을 창조할 수 있었다고 했다. 김태광 대표는 자신이 평범한 사람이라고 생각된다면 반드시 책을 쓰라고 했다. 평범하다는 것은, 어떤 면에서는 자존감이 떨어져 약하다는 것일 수도 있다. 그러니 평범할수록 책을 써야 한다고 했다. 책을 써서 다른 사람들에게는 없는 자신만의 경쟁력을 갖추어야 한다고도 했다. 평범한 사람이 책을 쓰면 자기계발로서는 성공한 것이라고 했다. 책을 쓰면서 평범했던 사람이 비범해지고 자존감이 올라 자신감을 가지고 세상을 헤쳐나갈 수 있게 된다는 것이다.

김태광 대표의 말대로라면 해보지도 않고 포기하기에는 너무 억울하다는 생각이 들었다. 평범한 사람이 책을 쓰고 비범한 사람이 된다면 책을 써보자는 생각이 들었다. 책을 쓰면서 "알기 때문에 쓰는 것이 아니라 쓰기 때문에 참으로 알게 된다. 책을 쓴다는 것은 가장 잘 배우는 과정 중의 하나다."라고 한 고(故) 구본형 씨의 말을 이해하게 되었다.

나는 평범했기에 책을 쓰려고 마음먹었는지도 모른다. 평범한 나도 책을 써서 누군가에게 선한 영향력을 주고 성공하고 싶었는지도 모른다. 책을 써서 나에게 없는 나만의 경쟁력을 갖추고 싶었다. 평범한 사람이 자신의 경험을 가지고 책을 쓰면 독자에게는 색다른 경험담이 될 수 있다.
　세상에 대해 할 말이 있으니 용기를 내 책을 써보기로 했다. 책은 점에서 선을 만들고 선에서 면을 만들어 공간을 채우듯 차곡차곡 빈 줄을 채워나가면 될 것 같았다. 이 시대를 사는 사람들이 경험할 수 있고, 공감할 수 있는 내용을 채운 책들이 많이 필요할 것 같았다. 책을 쓰면 삶이 충만해질 수 있다는 걸 느끼고 싶었다. 평범한 사람도 책쓰기를 한다는 걸 보여주고 싶기도 했다.

성공하지 않은 우리가 책을 쓰는 이유는 여러 가지가 있다. 책을 쓰면 책을 쓰지 않은 사람보다 성공하기가 더 쉽기 때문이다. 책을 썼다는 건 자기소개서를 한 권 써놓은 것과 같다. 내가 가지고 있던 경험과 생각을 글로 일목요연하게 정리해 놓았기에 나를 드러내기도 쉬워진다.

그렇다면 책을 써야 하는 시기는 언제일까. 나는 이에 대한 대답으로 바로 '지금이다'라고 말하고 싶다. 세상에 책을 쓸 시기는 따로 존재하지 않는다고 생각한다. 쓰고 싶다고 느끼고 써야겠다고 마음먹은 그 순간이 바로 책을 써야 하는 시기다. 중요한 건 느낌이 왔을 때 행동하는 것이다. 성공하고 나서 책을 쓰는 것이 아니라 책을 써야 비로소 진정한 성공을 맛보게 된다는 사실이다.

책을 쓴 사람이 성공하기 쉬운 이유는 자신의 브랜딩이 되어 있고 자신이 가진 성공의 DNA를 통해 단단하게 만들어져 있기 때문이다. 우리에게도 각자 타고난 성공의 DNA가 있다. 우리 내면에 잠자고 있는 성공의 DNA을 흔들어 깨워 삶으로 끌어내는 도구로 만들어 버리자. 행운의 여신은 때로는 가장 심술궂게 얼굴을 찌푸릴 때 휘황찬란한 선물을 준비하고 있다고 한다.

"세상은 꿈꾸는 자의 것이다."라고 말한다. '우리가 꿈꾸지 말라는 법이 있나?' 아니다. 우리는 더 많은 꿈을 꾸어야 하고 더 많은 성공을 바라며 살아야 할 것이다. 우리는 온몸의 세포 하나하나에 머리에서 발끝까지 성공의 인자를 만들어내야 한다. 단지 행동하지 않았기에 성공하지 못했다. 이제 행동할 때가 되었다. 성공의 법칙을 알았다면 행동해야 한다.

책쓰기의 기회를 놓쳐 평생 후회하지 말고 기회가 왔을 때 행동해야 한다. 기회의 신 카이로스의 뒷머리가 대머리인 이유는 무엇일까. "내 앞머리가 무성한 이유는 사람들이 나를 보았을 때 쉽게 붙잡을 수 있게 하기 위함이며, 내가 지나가고 나면 다시는 사람들이 나를 붙잡지 못하도록 하기 위함이다. 기회가 왔을 때 행동해야 한다. 어깨와 발에 날개가 달린 이유는 그들 앞에서 최대한 빨리 사라지기 위해서이다. 나의 이름은 기회이다." 책을 쓸 기회가 왔을 때 잡자. 우리의 성공에 한 걸음 더 다가가고 있다. 책을 써서 성공하자.

책을 쓴 사람들은 강연이나 강의를 통해서, 혹은 칼럼이나 TV 출연과 책의 인세 수입으로 그리고 1인 창업으로 소득이 발생한다고 한다. 나는 아직 그런 소득을 벌지는 못했지만 앞으로 벌게 될 것이라는 기대를 하고 있다. 책을 썼으니까. 내가 알고 있는 작가들 중에 평범한 사람들이었지만 책을 써서 성공한 사람들이 많다. 그들 중에 김태광 대표도 있고 김미경 강사도 있고 한비야, 혜민 스님, 주진우 기자가 있다. 그들은 단지 책을 써서 출간했을 뿐인데 성공했으며 세상에 이름을 알렸으며 사람들에게 선한 영향력을 끼치며 살아가고 있다.

책을 쓴 사람이 성공하기 쉬운 이유는 본인이 경험했던 실패한 이야기, 시행착오 겪었던 이야기를 솔직하게 씀으로써 사람들에게 감동을 줄 수 있기 때문이다. 또 비슷한 길을 걷는 사람들에게 도움이 될 수 있기 때문이기도 하다. 책을 쓴 저자는 나와 비슷하게 살아왔고 그 길을 꿋꿋하게 걸어가고 있는 사람이다. 그런 사람이 존재하기에 책을 읽는 사람에게도 도전할 수 있는 용기와 꿈을 심어 줄 수 있다. 그리고, 그 길을 걸어가면 어떤 결과가 나올지 희망을 보여줄 수 있기 때문이다.

이젠 나이 드는 게 두렵지 않습니다

"우리는 왜 지금의 내 나이가 늦었다고 생각할까?"

"50대인데 책쓰기 가능할까요?"

"50대인데 1인 창업이 가능할까요?"

"50대인데 유튜브 가능할까요?"

나는 무엇을 배우고 싶어도 나이를 이렇게나 먹었는데 내가 무얼 배울 수 있을까를 생각해 본 적이 너무 많다. 내 나이에 해서 뭐 하냐며 포기 했던 적이 한두 번이 아니다. 항상 내 나이가 늦었다고 생각했다. 배워서 어디다 써먹을지도 걱정이 되었다. 주변 사람들에게 나잇값 못 한다는 말을 들을까 봐 두렵기도 했다. 나는 너무 무기력해져 있었다.

　나이가 든다는 게 어떤 느낌이지? 20~30대였을 때는 전혀 몰랐던 느낌이다. '나이 드는 게 뭐 어때. 나이 드는 건 아무것도 아니야.'라는 생각을 했던 때다. 나이 드는 게 아무 문제 될 게 없었다.

　내가 하는 일만 제대로 하고 있으면 될 줄 알았기 때문이다. 그런데 세월이 흐를수록, 점점 나이가 들수록 나이 드는 것에 막연한 두려움이 생기게 되는 것이었다. 친정 엄마는 가끔 우리에게 나이 들면 서운해지는 게 많다고 했다. 엄마는 우리 형제들끼리 하는 대화를 듣고 있다가 끼어들기도 했다. 그 말뜻을 잘 못 알아듣는 엄마에게 괜한 성질을 냈던 기억이 난다. 그때도 세대 차이가 났을까.

　그럴 때마다 엄마는 "너희도 나이 들어봐라."라며 우리에게 섭섭해했던 기억이 난다. 그때 엄마 나이가 지금의 내 나이가 된 것 같다. 지금의 나도 가끔 아이들과 세대 차이가 난다고 느낀다. 아이들의 말을 못 알아들을 때가 있다. 너무 신조어가 많다. 엄마는 이런 말도 못 알아듣냐며 아이들이 면박을 줄 때가 있다. 얼마나 딱 기가 막힌 지 친정 엄마에게 줬던 설움을 내가 당하고 있다. '너도 한번 나이 들어봐라.'라는 엄마가 그립다. 엄마에게 그때 그러지 말았어야 했다.

영국에서 "당신은 외모로 그리고 마음속으로 몇 살이라고 생각하십니까?"라는 설문 조사를 했다고 한다. 50~90대의 사람들은 대부분 외모는 실제 나이보다 서너 살 젊다고 생각했지만, 마음속으로 생각하는 나이는 그보다 훨씬 더 어리게 생각했다는 것이다. 응답자가 나이 든 사람일수록 그 격차는 더 컸다고 한다. 친정 엄마도 나이 85세에도 마음은 이팔청춘이라고 했다. 우리 주변에도 나이가 든 이팔청춘들이 많다.

요즘은 나이가 든 사람들이 사진 찍으러 다니고 등산을 하고 마라톤을 한다. 모든 것을 할 수 있는 시간을 가진 사람들이 많이 보인다. 그들은 나이 들지 않았다고 생각하며 나이에 대한 편견이 없다. 그들의 정신세계는 이팔청춘에 머물러 있기 때문이다. '나이가 들어서, 남의 눈치가 보여서, 자식들이 주책맞다고 할까 봐.' 그들에게는 맞지 않는 이론이다. 그들을 보면 나이가 무색하다. 나이가 들어도 두려울 게 없어 보이는 그들이다. 나이의 고정 관념이 없어 보인다. 나이 들었다고, 못할 게 없는 도전적인 사람들이다.

이제 우리의 평균 수명은 점점 늘어가고 있다. 100세까지 산다 해도 아무도 놀라지 않는 시대가 되었다. 건강만 유지하면 120세까지도 살 수 있다는 설이 있다. 어느 날, 유튜브를 보다가 〈유 퀴즈 온 더 블록〉에 나이가 숫자에 불과한 86세 김영달 할아버지가 나와서 이야기하는 동영상을 보게 되었다. 그는 하루에 플랭크 5분, 스쿼트 330개, 22층 계단 오르기, 만 보 걷고 뛰기, 점심 먹고 독서 및 음악 감상, 앱으로 외국어 공부 2시간. 그는 아직도 배울 게 많고 이 모든 게 재밌다고 한다. 어릴 때 같으면 '노인네가 진짜 오래 살려고 하네. 저렇게까지.'라고 생각했겠지만 이제 내 나이가 드니 내 몸을 지키고 내 정신건강을 지키는 게 가장 중요하다는 생각이 든다. 옛사람들의 말이 틀린 게 하나도 없다는 생각이 든다. "너도 나이 먹어봐라."

'엑스트라 타임'(Extra Time, 인간의 수명이 늘어나면서 얻게 된 인생의 추가시간)이 도래했다. 누군가는 오랫동안 살아야 한다. 우리도 여기에 포함될 수도 있다. 사는 동안 성취감 있게 살아가려면 나이가 들어가더라도 계속 꾸준히 할 수 있는 일을 찾아야 한다. 나이가 들수록 더 아름다워지고 진실한 꿈이 담겨 있는 것을 이루고 싶어야 한다. 나이가 들수록 경륜은 더 깊어지고 영혼은 맑은 샘물처럼 더 순수해지고 싶어야 한다. 한마디로 나는 잘 늙어가고 싶다. 큰 나뭇가지 위에 달려 그 아름다운 자태와 향기를 뿜는 잘 익은 감처럼 나도 속과 겉이 잘 익은 사람이 되고 싶다. 가수 노사연이 부른 〈바램〉이라는 노래 중에 '우리는 늙어가는 게 아니라 조금씩 익어가는 겁니다.'라는 가사도 있다.

나이가 든다는 건 지혜가 생긴다는 것이다. 나이 들면 지혜가 따라오기 때문이라고 했다. 옛날 속담에 "사람이 오래면 지혜요 물건이 오래면 귀신이다."라는 말이 있다. 사람은 오래 살면 살수록 경험을 많이 쌓아 사물의 이치를 깨닫고 지혜를 얻게 되지만 물건은 오래 쓰면 쓸수록 쓸모없게 되고 만다는 뜻으로 경험 많은 사람의 지혜로움을 비유적으로 이르는 말이다. 솔로몬이 하느님께 지혜를 달라고 한 이유도 알겠다. 지혜로운 삶의 방법만 알면 쓸데없는 행동을 하지 않아도 되기 때문이다. '난 그런 거 하기엔 너무 나이 들었어.'가 아니라 '이 나이이기에 할 수 있어.'라며 시작하고 행동하는 모습을 보여줄 때다. 나의 기준을 세우고, 남의 기준을 기웃거리지 않고 나를 세우는 일을 먼저 해야 할 것 같다.

우리는 우리가 생각하는 것보다 더 젊다. 왜 나이 드는 걸 두려워했을까. 나이 드는 것에 대한 준비를 하지 않았기 때문이다. 내 나이가 적은 나이는 아니다. 사회에 나가보아도 나이가 많은 편이다. 나만 느끼지 못할 뿐이었다. 난 항상 착각 속에 살아왔다. 나는 나이가 들었다는 생각을 아예 하지 않았다. 몇 년 전에 구청에 취직하기 위해 면접을 보러 갔는데 지원한 사람들이 전부 나보다 열 살은 젊어 보였다. 기대하고 있었는데 합격하지 못했다. 떨어지고 나니 나이는 먹었는데 해놓은 것이 없어 내 삶이 우울하고 두렵고 불안했다. 20대에는 빨리 나이가 들었으면 했다. 그때는 시간이 너무 천천히 흘러가는 것이었다. 나이가 들면 내 삶에 멋진 일들이 일어날 것 같은 막연한 기대를 하고 있었던 것 같다. 하지만 인생은 그렇게 호락호락하지 않았다. 아무것도 하지 않으면 아무 일도 일어나지 않는다는 걸 너무 늦게 알았다.

〈한책협〉에 권순여 작가님, 이창순 작가님이 있다. 그녀들의 나이는 65세가 훌쩍 넘었다. 그러나 그녀들은 나이가 있음에도 불구하고, 나이는 잊어버린 듯 창작열을 불태워 책쓰기를 해내었다. 이창순 작가는 벌써 책을 5권 내었다. 책을 쓰고 나니 방송도 출연하고 강연에도 초청을 받았다. 그녀들이 나이가 많다고 '아이고, 난 그런 거 하기엔 너무 늙었어.'라며 책쓰기를 포기했다면 독자에서 저자로 인정을 받을 수 있었을까. 방송국에서 그녀들을 찾았을까. 그녀들의 선택은 옳았다. 갈수록 살아가야 할 시간도 많은데 책쓰기를 하고 행동해서 가치 있는 삶을 선택한 것은 옳은 일인 것 같다. 69세 패션 유튜버 밀라논나와 유튜브에서 인기가 있는 박막례 할머니에게 많은 사람들이 열광하는 이유도 나이에 한계를 짓지 않고 자신만의 삶을 만들어나가는 모습을 보여주기 때문이다.

나도 이젠 나이 드는 게 두렵지 않다. 그녀들의 멋진 모습에서 용기를 얻는다. 그녀들처럼 '나이를 잘 먹어야지.'라는 생각을 하니 오히려 나이 드는 게 설렌다. 나이 들면서 "행복해 죽겠다. 좋아 죽겠다."라는 사람을 본 적은 없지만 나이 드는 건 자연스러운 일이라는 걸 알게 된 것이다. 또, 나는 책쓰기로 나이 드는 게 두려운 걸 멈출 수 있었다. 책쓰기는 나의 자존감을 올려주고 나의 위치를 바꿨으며 나의 의식을 변화시켜주었다. 나이가 들면서 배우고 싶고, 하고 싶어 하는 것이 있어도 지레 겁을 먹기 일쑤였다. 이건 이래서 못 하고 저건 저래서 못 하고, 못하는 이유를 먼저 찾고 있었다. 그러나 책쓰기를 하면서 나는 나의 의식을 바꾸고 깨웠으며 가치 있는 삶을 만들기 위해 최선을 다해 살아가게 하고 있다. 나이가 많다고 겁먹지 말고 하고 싶은 것이 있다면 지금 당장 도전하자.

"나는 '지금 이 순간'이 제일 젊으니까."

06

단 한 권으로도 충분하다

"백문불여일견(百聞不如一見)." 이 한자의 뜻은 "백 번 듣는 것이 한 번 보는 것만 못하다."이다. 이걸 인용한 이유는 내가 책을 쓰고 낸다고 했을 때 '책 한 권 써서 가져와서 보여 줘 봐.' 그럼 믿는다는 사람들의 반응 때문이다.

우리 가족부터 "엄마가 책을 낸다고? 무슨 내용으로? 유명한 사람도 아니잖아." 주변 사람들의 반응은 "아줌마인 네가 무슨 책을 쓴다고.", "성공한 사람만 책쓰던데.", "그럼 책 써서 한번 보여줘 봐. 그럼 한번 믿어볼게."라는 눈빛들이었기 때문이다. 나는 속으로 '그래. 책 써서 보여준다. 조금만 기다려라.'라고 결의를 다졌다.

평범한 사람이 책을 쓴다는 것에 편견이 많다는 걸 깨달았다. 평범했던 사람이 책을 쓰면서 비범해지고 사람들에게 큰 영향력을 미친다는 것도 책을 쓰면서 알게 되었다. 지금까지 나는 독자의 입장으로만 책을 보고 있었기에 알지 못했던 것이었다. 책을 보면서 책을 쓸 수 있다는 생각을 왜 하지 않았을까. 일기를 써서 모아도 책이 되는데. 책을 쓴 유명한 사람들을 보면 평범했던 사람들이 단 한 권의 책을 쓰고 난 뒤에 유명해졌다는 사실을 알 수 있다. 누구나 살면서 책 한 권 치의 이야기는 다 가지고 있기 때문이다.

책을 쓰면서 나는 정말 행복했다. 이 행복함에 책을 쓰는 게 아닐까 할 정도로 책쓰기를 즐겼다. 물론 쓰면서 힘들지 않았다는 것은 아니다. 자신을 위로하면서 내면의 소리에 귀 기울이면서 쓰다 보니 나 자신이 치유도 된다는 것이다.

'도대체 책 한 권 썼을 뿐인데, 무슨 일이 벌어지고 있는 거야?' 내 자존감이 올라가고 가치가 있는 사람으로 변화되어갔다. 책을 쓰면서 힐링이 되었고, 스스로 자신을 일으켜 세울 수 있는 사람이 되어 있었다. 나는 왜 책을 쓰는가? 책을 통해 내가 무엇을 전하고 싶은가를 생각하게 되었다. 내가 전하고자 하는 내용은 무언지 어떤 걸 전하고 싶은지를 생각하게 되었다. 책을 쓰면서 내 마음가짐이 변했다는 것이다. 자존감이 회복되니 내 마음이 평화로워졌다. 삶이 풍족해지는 느낌도 들었다. 글 하나하나에 영혼이 실려 있으니 글이 조화를 이루어 사람들에게 선한 영향력을 주게 되는 것 같았다. 글의 무게는 아무리 힘센 천하장사가 와도 들어 올릴 수는 없을 것 같다. 나는 나를 단련시키고, 마음을 갈고닦고, 삶의 가치를 발견하기 위해 책을 쓰게 되었다. 책을 단 한 권 썼을 뿐인데 정말 충분하다. 행복함이 가득가득 몰려오고 있다.

"백 마디 말보다 한 권의 책이 더 강하다."

〈명량〉이란 영화에 "신에게는 아직 12척의 배가 남아 있습니다."라는 유명한 대사가 나온다. 한창 패러디가 많이 나오기도 했다. 임진왜란의 명량대첩에서 이순신 장군이 이끄는 수군은 12척의 배와 1척의 수리한 배, 13척의 배로 133척의 왜군에 맞서 이겼다고 한다. 그러나 얼마 후 노량해전에서 죽음을 맞이한다. 그러나 그는 그냥 죽었던 것이 아니라 죽음으로써 나라를 구했다. 이순신 장군의 좌우명이 바로 '필사즉생 필생즉사'였다. 뜻은 '반드시 죽고자 하면 살 것이요 반드시 살고자 하면 죽을 것이다'이다.

이순신 장군이 쓴 『난중일기』에 나오는 말이다. 그래서 그런지 그는 죽었어도 나라를 살렸고, 그 안에서 계속 살아 있는 듯하다. 이순신 장군이 『난중일기』라는 기록을 남겨놓지 않았더라면, 장군의 일상을 전쟁의 상황을 기록으로 남겨놓지 않았다면 우리는 명량대첩에서 배 13척으로 싸웠는지도 몰랐을 것이다. 기록은 기적을 일으킨다. 『난중일기』는 "백 마디 말보다 한 권의 책이 더 강하다"라는 말이 어울리는 책이다.

단 한 권의 책으로 세상을 바꾼 하퍼 리가 쓴 소설 『앵무새 죽이기』가 있다. 『앵무새 죽이기』는 1991년 미국국회도서관에서 성경 다음으로 가장 영향력 있는 책 1위에 선정되었다고 한다. 『앵무새 죽이기』는 미국을 배경으로 흑인과 백인의 차별을 소설로 쓴 책이다. 우리나라에서도 필독서로도 꼽힌다. 그녀가 걸작을 남길 수 있었던 배경은 노력만 하면 반드시 이뤄진다는 진리가 드러난 대목이 많았기 때문이다. 2016년에 그녀는 89세로 세상을 떠났지만, 그녀의 책은 여전히 우리 곁에 남아 전 세계 곳곳에서 차별과 편견에 맞서며 사람들의 생각을 일깨워준다. 이 한 권의 책으로 세상을 바꾸었고 인생이 바뀐 사람도 있을 것이다.

인간관계의 회복을 위해 알아야 할 내용으로 구성된 책 『데일 카네기 인간관계론』은 전 세계적으로 6천만 부나 판매되는 경이적인 기록을 세웠다고 한다. 사람의 마음을 얻고 마음을 움직이는 인간관계의 특별한 비법을 전해주는, 세계가 인정한 인간관계론의 바이블로 세계적인 베스트셀러로 자리 잡은 책이다. 데일 카네기는 이 책에서 상담 사례를 통해서 인간관계의 각종 어려움에 대한 해결책을 제시하고 있다. 사람들은 이 책을 읽고 인간관계의 회복을 위한 지침서로 삼고 있다. 데일 카네기는 1888년에 태어나서 1955년에 사망했으나 그의 책 『데일 카네기 인간관계론』은 현재도 전 세계적인 스테디셀러로 여전히 많이 판매되고 있다. 책을 많이 쓴다고 이름이 알려지는 건 아닌 것 같다. 똑똑한 책 한 권만 쓰면 될 것 같다.

버니 시겔은 "기적을 일으키는 것은, 신이 아니라 자신의 의지다."라는 말을 했다. 지금 내게 딱 맞는 말이다. 요즘 내게 신기한 일들이 일어나고 있다. 책을 한 권 썼을 뿐인데 자존감이 높아지고 커졌다. 너무 애쓰지 않아도 자연스럽게 원하는 것이 내게로 흘러들어오는 것 같다. 마음이 단단해지고 자신에게 당당해지고 있다. 끊임없이 흔들리고 불안했던 마음들이 고요해지고 평화로워졌다. 의식의 상승으로 영적 성장을 이루니 우주가 나에게 답을 내준다.

남경홍의 저서 『허공의 놀라운 비밀』을 읽으며 가난했던 의식이 부자 의식으로 변화가 되었다. 영적 성장을 이루며 하나씩 내가 원하는 것들에 가까이 다가가게 되었다는 것이다. 의식 상승 없이는 부자가 되기 어렵다는 김태광 대표는 책을 쓰는 것도 중요하다고 하지만 의식 성장이 먼저라고 이야기한다. 나는 이 책을 읽으며 많은 의식 성장을 하게 되었다. 작은 물방울이 거대한 바위를 뚫듯이 의식 성장을 꿈꾸는 사람들에게 이 한 권의 책으로 의식 성장을 충분히 배울 수 있다.

'나는 왜 책을 썼는가?'

책을 써서 내 인생을, 내 삶을 바꾸고 싶었다. 내가 쓴 한 권의 책은 2021년에 출간된 『불안한 삶을 일으켜 세우는 긍정의 기술』이다. 코로나 시국에 불안한 삶을 사는 우리들의 이야기를 사례를 들어서 쓴 책이다. 그동안 책만 읽어왔던 나는 단 한 권의 책이라도 써야겠다고 결심했다. 책을 많이 읽으면 지식은 쌓이지만, 행복해지는 건 아닌 것 같았다. 지식을 쌓아놓기만 한다면 그보다 더 안타까운 일은 없을 것 같았다. 좋은 책을 여러 권 읽는 것보다 좋은 책 한 권을 100번 읽는 게 더 낫다고 한다. 그리고 더 좋은 건 한 권의 책을 쓰는 것이라고 한다. 책쓰기의 궁극적 목적은 나의 외면적인 가치를 높이기도 하지만 다른 사람의 생각을 흔들고 가슴을 울리는 것이어야 한다고 말한다. 책을 쓰면 새로운 삶으로 거듭날 수 있기 때문이다.

책을 쓸 때 한 시간이고 두 시간이고 앉아서 끙끙대다 보면 내 안에 있었던 가장 진실한 마음, 깨닫지 못했던 누군가의 진심 같은 것을 만날 수 있다. 그 순간순간이 감동적으로 다가온다. 그럴 때면 인생이란 게 참 살아볼 만하게 느껴진다. 컴컴한 터널에 갇혀 있는 누군가에게 내 글이 새로운 이정표라도 될 수 있길 바라며 글을 쓰고 싶다. 책을 딱 한 권 썼을 뿐인데도 나의 경험과 지식, 느낌들이 다 빠져나가는 것 같은 생각이 들기도 한다. 모든 열정을 쏟아부었다. 인생을 바꾸고 싶다면 지금 당장 책을 써라.

"단 한 권으로도 충분하다."

07

나는 더 이상 돈 걱정을 하지 않는다

나는 더 이상 돈 걱정을 하지 않는다. 이걸 보는 순간 다들 눈을 부릅뜨고 귀를 쫑긋 세우고 있을지도 모른다. 갑자기 왜? 돈 걱정을 않는다고. 무슨 일이야. 하늘에서 돈이라도 떨어져 돈벼락을 맞았나. 워런 버핏을 만나 주식 투자를 배웠나. 꿈속에 조상이 나타나 로또 번호를 알려줘 1등으로 당첨되었나. 밤새 유산 상속이라도 받았나. 왜 돈 걱정을 하지 않는다고 할까. 아마 다들 너무 궁금해 지금쯤 죽었을지도 모르겠다.

우리가 인생을 살면서 하는 가장 큰 걱정은 돈 걱정이다. 돈 걱정을 하지 않고 사는 우리나라 사람은 과연 얼마나 될까? 90%의 사람들이 돈 걱정을 하며 살고 있을 것이다. 물론 '나는 아니야.'라고 반문하는 사람도 있을 것이다. 인생을 잘 살아가려면 꼭 있어야 하는 것이 돈이기 때문이다. 우리 부모님들도 돈 걱정을 정말 많이 하셨다. 내가 다니는 초등학교에 매달 내는 육성회비가 있었고, 언니, 오빠 등록금에 돈 때문에 두 분이 정말 열심히 싸우는 걸 봤다. 우리 4남매와 할아버지와 할머니를 모시고 살았기에 더 많은 돈 걱정을 했을 것 같다. 어린 내 생각엔 '왜 돈 때문에 맨날 싸우는 걸까. 벌면 되잖아. 돈은 쉽게 벌 수 있어.' 돈을 가지고 싸우고 걱정하는 부모님을 보면 이런 생각이 들었다.

돈 걱정하기 싫어 나는 돈을 벌려고 진짜 미친 듯 아등바등 살아왔다. 콩나물값 100원이라도 아끼려고 가장 싼 곳을 찾아다녔다. 그러나 돈은 쉽게 내게 오지 않았다. 돈은 벌 수도 모을 수도 없었다. 부모님의 돈 걱정을 똑같이 내가 하고 있었다. 자나 깨나 돈 걱정을 했었던 것 같다. 돈에 눈이 달렸는지 내가 벌려고 하면 도망치고 잡으려고 하면 연기처럼 사라졌다. 정말 돈에는 눈이 달려 있는 걸까. 돈에 대한 조급했던 내 마음을 돈이 알아차렸는지 자꾸만 멀리 달아났다.

난 항상 다른 사람들의 돈과 내 돈을 비교했다. 아! 난 왜 이렇게 돈이 없을까. 언제까지 빈털터리로 살아야 할까. 입만 열면 돈 없다는 소리를 했던 것 같다. 난 불행한 사람이야. 왜 내가 돈 걱정을 하며 살아야 할까.

게다가 나는 돈을 보며 "돈 벌어와. 더 많이 벌어와. 다른 돈들은 척척 알아서 벌어다 주던데 넌 왜 안 벌어다 줘." 잔소리를 해댔다. 돈을 함부로 대한 내 마음을 돈이 알게 된 건지도 모른다. 그래서 간다는 말도 없이 가버렸을 것 같다. 돈 벌어오라는 내 성화에 못 견뎌 떠났는지도 모른다. 돈을 함부로 대하니 돈이 내게 실망해서 돈이 나를 떠난 것 같다. 나는 돈을 사랑할 줄 몰랐다.

돈을 쓸 때도 내가 잘나서 돈을 쓰는 줄 알았다. 돈이 고마운 게 아니라 내가 벌어서 내가 돈을 감사함이 없이 쓰는 게 당연한 건 줄 알았다. 돈에 대한 예의는 눈을 씻고 봐도 없었다. 그러니 돈은 당연히 뒤돌아보지도 않고 친구를 데려올 생각도 없었을 것이다. 돈을 함부로 다루었다. 지폐는 구겨두고 동전들은 아무 곳에나 던져두고, 돈을 막 다루었다. 돈이 없어지니 돈에 감정이 있다는 걸 조금 알게 되었던 것 같다. 돈 걱정을 하는 나는 점점 불행해지고 있었다.

어떻게든 돈에 대한 걱정에서 해방되고 싶었다. 부정적인 생각들을 긍정적인 생각들로 변화시켜 불행해지는 버릇을 당장 버려야 한다는 것을 알게 되었다. 어떻게 하면 변화될 수 있을까. 하느님에게 무작정 기도했다. 돈 걱정 없이 살 수 있도록 돈을 많이 보내 달라고 기도했다. 하느님은 내게 돈을 준 적이 없으니 달라고 기도했고 매달렸다. 그것도 많이.

그러나 돈은 오지 않았다. 아예 올 생각도 없었는지도 모른다. 하느님께 기도한다고 될 것인가. 누워서 감 떨어지기만을 기다리고 있으면 될까. 아니다. 생각만 하지 말고, 걱정만 하지 말고, 행동으로 옮겨야 한다는 걸 알게 되었다. 하지만 어떻게 내가 나를 변화시킬지 고민이 되었다.

그 즈음에 암이 찾아왔고 또 힘든 시기를 보냈다. 그렇지만 암은 내게 많은 변화를 가져왔다. 모든 관점을 바꾸어놓았다. 살고 싶은 생각에 삶에 희망을 품게 했다. 나에게 생명의 소중함을 주었고 가족을 사랑하는 마음을 주었다. 돈에 대한 관점도 변화시켜주었다. 돈을 억지로 잡으려면 돈이 삼십육계 줄행랑친다는 것도 알게 되었다. 돈이 나를 따르게 해야 한다는 걸 알게 되었다.

돈 공부를 시작하자는 생각에 유튜브를 검색하게 되었다. 거기에 뜬 영상에서 의식에 관해 열정적으로 말하는 유튜버가 있었다. 의식만 바꾸면 돈이 저절로 따라온다는 것이었다. 그는 네이버 카페 〈한책협〉 대표 김태광 대표였다. 그의 의식에 관한 영상을 보자마자 나는 눈에 불을 켜고 보았다. 귀는 더 쫑긋 세웠으며 하나라도 놓치지 않으려고 애를 쓰고 들었다. 의식이 뭔데 그는 150억이라는 자산을 가지게 되었을까. 의식을 어떻게 알아차려야 돈 걱정을 하지 않을까. 그처럼 의식을 키우려면 내가 해야 하는 건 뭘까.

유튜브 〈킴도사〉의 영상을 보며 돈에 관한 의식 공부를 제대로 했다. 의식 공부를 하면서 나의 의식이 땅바닥에 있다는 걸 알 수 있었다. 지금까지의 내 의식은 지지리도 가난한 의식이었다. 애터미 박한길 회장님의 강의도 문득 생각났다. "의식을 높여라. 가족을 사랑해라. 상상해라. 돈 걱정하지 마라. 돈은 행동하면 내게 오게 되어 있다."라는 그 말들이 그때는 귀에 들어오지 않았었다. 그 말이 이제 이해가 된다. 나는 의식에 관해 너무 무지했다.

나는 겉으로는 부자인 척 '나는 부자다.' 해놓고 속으로는 '내가 무슨 부자야 돈도 없는데.'라는 생각을 우주로 그대로 내보내고 있었다. 가난한 생각을 우주로 보냈더니 돈 걱정으로 돌아온 것 같다. 돈이 없는 이유도 가난한 의식에 있었다. 의식이 가난했기에 돈 걱정을 하며 살았다. 부자가 될 의식을 전혀 갖지 못했다. 부자들은 풍요로운 생각만 한다고 했다. 늘 풍요로운 것들이 온다고 믿는다고 했다. 절대 할 수 없다는 생각을 하지 않는다고 했다. 할 수 있다는 생각만 한다고 했다. 지금까지의 내 의식은 싸구려였다. 내가 기도를 아무리 해봤자 이루어지지 않은 원인이 여기에 있었다. 의식을 변화시키고 행동으로 옮겨서 새로운 길로 나아가야만 했다.

지그 지글러는 "성공으로 가는 엘리베이터는 없다. 계단만 있을 뿐이다."라고 했지만 나는 엘리베이터를 타고 올라가야만 했다. 시간이 없었다. 왜 계단으로 오르는가. 더 빠른 엘리베이터가 있는데. 돈 걱정 없는 빠른 길을 가려면 책을 쓰라고 김태광 대표는 알려줬다. 책을 써서 출간하면 삶이 바뀐다고 했다. 김태광 대표가 말한 대로 빨리 가기 위해 돈 걱정 않기 위해 책을 썼다. 가장 빠른 길로 책을 쓰고 나를 브랜딩 하고 싶었다. 책을 쓰니 낮았던 나의 자존감이 껑충 높이 올라갔다.

책을 쓰니 독자에서 저자로 신분 상승도 되었다. 행복함도 저절로 따라오고 삶의 질도 올라갔다. 책을 읽고 나에게 연락해오는 독자도 생겼다.

2021년에 『불안한 삶을 일으켜 세우는 긍정의 기술』을 한 권 냈을 뿐인데 내 삶은 완전히 달라졌다. 대형서점과 인터넷서점에서 책을 사서 읽은 독자가 내 책 덕분에 삶을 긍정으로 살 수 있겠다고 연락이 오기도 했다. 책을 내지 않았다면 아무런 일도 일어나지 않았을 것이다. 이게 책의 위력인 것 같다.

책을 내고 1인 창업으로 온라인 카페를 만들고 도움이 필요한 이들에게 컨설팅이나 상담을 해줄 수 있을지도 모른다. 또 강연을 통해 그 방면의 전문가로 알려지면 많은 강연이 요청될지도 모른다. 책 한 권 썼더니 강연을 하고 상담가로 메신저로 코치로 활동을 할 것이니 돈 걱정은 하지 않아도 될 것 같다. 책을 쓰고 작가가 되니 돈 걱정 없는 삶이 만들어진 것 같다. 긍정에 관한 책이 사람들이 나를 찾아오도록 길을 만들어줄 것이기 때문이다. 책을 쓴 나는 더이상 돈 걱정을 하지 않는다.

08

장담하건대 누구나 김태광 코치의 방법을
따른다면 작가가 될 수 있다

"나는 씁니다. 따라서 나는 스스로 안심합니다."

— 롤랑 바르트(프랑스의 철학자, 비평가)

우리나라 최고의 책쓰기 코치 김태광 대표는 보통 사람이 성공하는 비결 가운데 하나로 책쓰기를 꼽는다. 김태광 대표의 책쓰는 방법을 그대로 따라 하면 빠르면 2주 늦으면 3개월 정도면 작가가 될 수 있다. 사실이다. 24년 동안 1,355권의 책을 기획 · 집필하고 11년 동안 1,100명의 작가를 배출한 김태광 대표가 운영하는 〈한책협〉은 매일 작가들의 출간 계약이 이루어지고 있다. 유명인이나 성공한 사람, 베스트셀러 저자가 아니더라도 평범한 사람이 책을 쓰면서 일어나는 일들이다.

김태광 대표는 평범한 사람들이 책을 꼭 써야 한다고 한다. 한 권의 저서가 학위보다 훨씬 낫다고 한다. 최고의 학위를 가진 사람들이 책을 쓰려고 하는 이유는 세상에 나를 드러내고 싶기 때문이라 한다. 학위를 가진 사람들이 많기에 세상에 학위를 내밀어봤자 아무도 알아주지 않기 때문이다. 책을 씀으로써 자신의 퍼스널 브랜딩이 되어 부러움의 대상이 되고 가치가 있는 이유가 되기 때문이다. 책을 펴낸 것만으로도 사람들은 그 사람의 학력이나 스펙, 배경, 직업 등에 아랑곳하지 않는다고 한다.

나는 김태광 대표의 방법대로 배워 3개월 만에 책을 출간했다. 주변에서 3개월 만에 책을 썼다고 말하면 어떻게 그런 일이 있냐며 다들 놀라워서 입을 다물지 못한다. 사실 〈한책협〉에서는 3개월도 늦은 편에 속한다. 책을 빨리 쓰는 사람들은 10일 만에도 책을 쓰니까 말이다. 책이 빨리 나올 수밖에 없게 하는 김태광 대표의 특별한 가르침이 있다. 이 가르침을 받아보면 왜 대한민국에서 최고의 책쓰기 코치인 줄 알게 될 것이다.

〈한책협〉에는 책쓰기 5주 과정이 있다. 책쓰기 5주 과정을 하면서 주제, 제목, 장 제목, 꼭지를 만든다. 먼저 주제를 정하고 나서 제목을 만드는데 600개의 제목을 만들어 보라는 과제를 내어준다. 그리고 장 제목과 꼭지를 다 만들고 나면 목차가 완성된다. 책쓰기 과정이 끝나기도 전에 완벽한 목차가 완성된다. 제목과 목차가 완성되면 이제 책을 쓸 수 있는 준비가 다 된 것이다. 완벽한 목차란 "원고 없이 투고 인사말과 목차만 출판사에 투고했을 때 출판 계약이 되는 정도의 퀄리티를 가진 목차를 말한다."라고 김태광 대표는 말한다. 목차가 나오면 빠르면 10일에서 1개월 안에 원고를 쓰고 출판사와 계약하기도 한다. 정말 놀라운 일이 아닌가.

나는 귀에 블루투스 이어폰을 꽂고 손은 열심히 치킨을 포장하며 책쓰기 5주 과정을 들었다. 조금은 힘들었지만 일하면서도 과정을 들을 수 있다는 게 너무 행복했다. 일하지 않고 책쓰기 과정을 제대로 들었다면 더 나은 책이 나오지 않았을까 하는 아쉬운 생각이 들기도 한다. 책이 출간된다는 목표가 생기니까 새로운 세상이 환하게 열리는 느낌이 들었다. '이게 무슨 일이야. 내가 책을 쓰다니.' 사막에서 오아시스를 만난 것처럼 내 인생의 새로운 꿈이 하나 생겼다는 게 너무 기뻤다.

장 제목을 제대로 만들지 못하고 있을 때, 김태광 대표님한테 혼났던 기억이 난다. 과제를 하지 않고 어떻게 해야 할지 몰라 넋 놓고 있을 때였다. 김태광 대표님의 특별 가르침을 받아 좋은 장 제목을 만들 수 있었다. 이 방법은 〈한책협〉 책쓰기 과정에 들어 있다. 김태광 대표님은 목차에 부족한 부분을 첨삭해주기도 했다. 꼭지를 만들 때도 얼마나 신났던지 정말 좋은 제목과 목차를 만들고 싶은 생각뿐이었다. 출판사와 계약하는데 출판사 관계자가 제목이랑 목차가 너무 좋다며 작가들의 책 퀄리티가 높다고 칭찬을 많이 했다. 김태광 대표란 분이 왜 대한민국 최고의 책쓰기 코치인지 알게 된 순간이었다. 책이 출간된다고 생각하니 가슴이 뜨거워지고 설레는 나날들이었다.

제목과 장 제목과 꼭지를 만들고 난 뒤에 글을 써나가기 시작하면 된다. 책을 쓰는 것은 책쓰기 과정 수강 중에도 가능한 일이었다. 난 책쓰기 과정을 일하면서 들어서 그랬는지 5주 과정이 끝나고 나면 책을 써야만 되는 건 줄 알았다. 한 꼭지당 두 개 이상의 사례를 넣어 써야 하는데 처음에는 생각이 나지 않아 힘들었다. 글을 쓰다 보니 어릴 때 이야기도 생각나고 살아온 이야기들도 떠올라 소소하게 쓸 수 있었다. 글을 쓰게 되니 감회가 새로워졌다. 살아온 날들이 정리되기도 했다. 마음이 행복해지며 힐링이 되는 느낌이었다. 글을 쓰는 기분이 이런 것인가, 이런 느낌으로 글을 쓰는구나 싶었다. 그렇지만 글이 잘 안 써질 때는 머리를 쥐어뜯으며 몸부림을 치기도 했다.

책쓰기 과정에서는 책쓰기 계의 최고로 불리는 김태광 대표가 1,355권의 책을 기획 및 집필했던 방식 그대로 우리에게 코칭해준다. 또한, 김태광 대표는 초 · 중 · 고등학교 교과서 16권에 글이 수록되었으며, 중국, 대만, 태국으로 저작권이 수출되어 책이 출간되기도 했다. 책쓰기 과정에서 김태광 대표는 자기소개서를 토대로 본인의 비전에 맞게 주제를 정해주고 제목을 돕는다. 또한, 책의 뼈대가 되는 목차를 완벽하게 도와주고 완벽한 목차를 활용해 술술 읽히는 원고를 작성하는 특별한 방법을 전수해준다. 책쓰는 법에 대한 완벽한 코칭으로 책을 한 번도 써보지 않은 작가도 기성 작가로 인정받는 원고를 써내게 되는 것이다.

평범한 사람이 독자에서 저자가 되어 비범한 사람으로 된다는 것이다. 2주에 한 번씩 책쓰기 특강도 진행하고 있다. 〈한책협〉에서 진행되는 책쓰기 특강은 "성공해서 책을 쓰는 것이 아니라, 책을 써야 성공한다."라는 주제로 진행된다. 책쓰기 특강에서 나도 책을 써서 성공해야겠다는 꿈을 가졌다. 평범했고 자존감이 '껌딱지'인 내가 꼭 해야 하는 일이었다. 희망이 없을 때 유일한 희망은 희망을 품는 것이었다. 나의 유일한 희망을 책쓰기로 하자고 결심한 것이었다.

김태광 대표는 책쓰기로 가슴 뛰는 삶을 살아 보라고 했다. 책을 쓰면 상상하지 못했던 기회들이 찾아온다고 했다. 김태광 대표는 책을 써야 하는 이유를 말했다. 책을 펴내게 되면 작가, 코치, 강연가, 1인 창업 시스템으로 나날이 성장하는 인생을 살게 된다고 했다. 책을 쓰면 좋은 10가지를 김태광 대표의 저서 『100억 부자 생각의 비밀 필사 노트』에서 옮겨왔다.

그 이유는 다음과 같다.

첫째, 보이지 않던 꿈이 명백해진다.

둘째, 삶의 우선순위를 정하게 된다.

셋째, 학벌을 위한 공부를 하지 않게 된다.

넷째, 자신만의 천재적인 재능을 발견하게 된다.

다섯째, 책을 펴내는 순간, 독자에서 저자의 위치로 신분 상승하게 된다.

여섯째, 부정적인 사고에서 긍정적인 사고로 전환하게 된다.

일곱째, 책 출간이라는 평생의 꿈이 실현된다.

여덟째, 자존감이 높아진다.

아홉째, 가족과 친척, 친구들, 동료들로부터 찬사를 듣게 된다.

열째, 자식들에게 삶의 지혜를 유산으로 물려줄 수 있다.

김태광 대표의 방법을 따른다면 왜 작가가 될 수 있을까?

김태광 대표라는 평범했던 사람이 책을 써서 작가로 성공했기 때문이다. 그는 매일 A4로 10장 가까이 글을 썼다고 한다. 책을 어떻게 쓰는지,

책 한 권이 A4 몇 장인지조차 몰랐지만 매일 쓰고 또 썼다고 한다. 첫 책을 출간하기까지 오백 번 가까이 출판사로부터 퇴짜를 맞는 과정에서 스스로 주제를 정하는 법과 책쓰는 법을 터득할 수 있었고 출판사와 제대로 계약하는 법까지 배울 수 있었다고 한다. 이만하면 이제 책쓰기의 세계로 풍덩 빠져보는 건 어떨까. 모든 것이 검증되어 있다. 장담하건대 누구나 김태광 대표의 방법을 따른다면 작가가 될 수 있는 시스템이 만들어져 있다. 나는 엄마였고 평범한 동네 아줌마였다. 그런데 나도 작가가 되었다. 작가님이라고 불리니 첨엔 어색했었다. 그러나, 지금은 너무 듣기 좋을 따름이다. 우리 아이들에게는 '작가 엄마', 남편에게는 '작가 아내'라는 위대한 선물을 주었다.

"인간이 두려워하는 대상은 1가지뿐이다.
몸을 던지는 것 미지의 세계로 뛰어들기.
안전했던 모든 것을 뿌리치고
훌쩍 몸을 던지는 것이다."

– 헤르만 헤세, 『밤의 사색』